Entdecken Sie Alaska!

Stille Fjorde, einsame Tundra, gewaltige Bergzüge – Alaska ist eine der letzten Wildnisregionen unserer Erde

Alyeska, »weites Land«, nannten die Ureinwohner der Aleuten das Festland, von dem aus ihre windumtosten Inselchen in den Nordpazifik hinauskleckerten. Die ersten russischen Entdecker und Pelzhändler, die Mitte des 18. Jhs. von Sibirien her kamen, übernahmen den Namen und erzählten zu Hause von diesem geheimnisvollen wilden Land, wo die Pelze der Seeotter so fein waren, dass sie in China mit Gold aufgewogen wurden. Ein Mythos war geboren – der Traum von einem weit entfernten, riesigen und noch unberührten Land, dessen Schätze darauf warteten, entdeckt zu werden.

Bis heute lebt dieser Traum fort, bis heute lockt am Norden die ursprüngliche Wildnis, die im Rest der Welt so selten geworden ist. Was zuerst auffällt bei einer Reise durch Alaska, ist tatsächlich die schier unglaubliche Weite des Landes. Sicher, Fjorde und Gletscher kennt man aus Norwegen, große Seenplatten aus Schweden oder Finnland. Doch in Alaska ist alles einige Nummern größer. Wenn Finnland sich mit einer Million Seen brüstet, sind es in Alaska drei Millionen – und dazu 3000 Flüsse und eine Küste von 80 000 km Länge. Von 6000er-Gipfeln und Eisfeldern immenser Größe ganz zu schweigen.

1,7 Mio. qkm ist Alaska groß, weit größer als die skandinavischen Länder zusammen genommen. Dabei leben im 49. Bundesstaat der USA nur etwa 625 000 Menschen – auf einer Fläche viermal so groß wie Deutschland. Statistisch gesehen hat jeder Alaskaner 2,74 qkm Platz für sich – eine sagenhaft niedrige Bevölkerungsdichte. In Deutschland hingegen müssen sich 220 Leute einen qkm teilen. Die Statistik verzerrt das wahre Bild sogar noch: Gut die Hälfte der Alaskaner lebt nämlich in der einzigen Großstadt Anchorage, weitere 80 000 in und um Fairbanks. Da bleibt viel Platz für die Wildnis, die noch heute weitgehend so ursprünglich ist wie zu Zeiten der ersten Entdecker – nicht von ungefähr steht heute mehr als die Hälfte des Landes in Wildschutzgebieten, National Parks und National Forests unter Schutz.

Einsame Weiten im Denali National Park

Auf der Spurensuche nach dem Mythos Alaska spielen diese unendliche Weite und die reiche, aber unbarmherzige und menschenfeindliche Natur die tragenden Rollen. Der Ruf der Wildnis lockte Pioniere und Abenteurer in den Norden, und Alaska machte sie reich oder vernichtete sie, je nach dem Glück des Einzelnen: Lebensgeschichten, die reichlich Stoff bieten für Erzählungen von Trappern und Goldsuchern und verschollenen Pionieren. Nicht zuletzt sie machen den Zauber Alaskas aus.

Die Russen kratzten die Wildnis einst kaum an. Sie errichteten ein paar Posten entlang der Küsten im Süden, jagten Otter und langweilten sich in den langen, dunklen Wintern. Schon 100 Jahre später – der Zar brauchte wieder mal Geld – verhökerten sie ihre Kolonie an die Amerikaner, die zunächst nicht recht wussten, was sie mit ihrem neuen Territorium, dieser »Eisbox« im Norden, anfangen sollten. Doch dann wurde um 1900 Gold entdeckt – zuerst am Klondike, dann in Nome, dann bei Fairbanks. Alaska gab seine Schätze preis, und Hunderttausende kamen – wenn auch nur kurz.

Von da an war Alaska in aller Welt bekannt. Jack London verherrlichte die wilde Natur des Nordens und das harte, aber ehrliche Leben der Goldsucher in seinen Romanen, die seither Generationen von Jugendlichen

Trapperträume – am Lagerfeuer in Alaska werden sie wahr

MARCO ⊕ POLO
ALASKA
YUKON

Reisen mit
Insider-Tipps

*Diese Tipps sind die ganz speziellen
Empfehlungen unserer Autoren.
Sie sind im Text gelb unterlegt.*

*Fünf Symbole sollen Ihnen
die Orientierung in diesem Führer erleichtern:*

für Marco Polo Tipps – die besten in jeder Kategorie

für alle Objekte, bei denen Sie auch eine schöne Aussicht haben

für Plätze, wo Sie bestimmt viele Einheimische treffen

für Treffpunkte für junge Leute

(108/A1)
*Seitenzahlen und Koordinaten für den Reiseatlas Alaska und Yukon.
Zu Ihrer Orientierung sind auch solche Objekte mit Koordinaten
versehen, die nicht im Reiseatlas eingetragen sind.*
(O) *außerhalb des Kartenausschnitts*

*Diesen Band schrieb Karl Teuschl, Autor und Reisejournalist aus
München, der Alaska seit rund 25 Jahren immer wieder bereist.*

*Die Marco Polo Reihe wird herausgegeben
von Ferdinand Ranft.*

Die aktuellsten Insider-Tipps finden Sie im Internet unter www.marcopolo.de

MAIRS GEOGRAPHISCHER VERLAG

MARCO ⊕ POLO

Für Ihre nächste Reise gibt es folgende Titel dieser Reihe:

Die Marco Polo Redaktion freut sich, wenn Sie ihr schreiben: Marco Polo Redaktion, Mairs Geographischer Verlag, Postfach 31 51, D-73751 Ostfildern

---

Unsere Autoren haben nach bestem Wissen recherchiert. Trotzdem schleichen sich manchmal Fehler ein, für die der Verlag keine Haftung übernehmen kann.

Titelbild: Image Bank: Grant Faint
Fotos: Autor (8, 12, 18, 21, 28, 36, 54, 56, 64, 70, 72, 75, 81, 85, 95);
R. E. Jung (4, 6, 14, 22, 24, 35, 38, 44, 47, 48, 52); Lade: BAV (59); Mauritius: Hubatka (107), Madersbacher (78); Schapowalow: Dietrich (63); Schuster: Bernhart (66), Liaison (16), Meyers (41)

4., aktualisierte Auflage 2001 © Mairs Geographischer Verlag, Ostfildern
Chefredakteurin: Marion Zorn
Gestaltung: Thienhaus/Wippermann (Büro Hamburg)
Kartografie Reiseatlas: © Mairs Geographischer Verlag/Falk Verlag, Ostfildern
Sprachführer: in Zusammenarbeit mit dem Ernst Klett Verlag für Wissen und Bildung GmbH, Redaktion PONS Wörterbücher

Printed in Germany
Gedruckt auf 100% chlorfrei gebleichtem Papier

INHALT

Die Marco Polo Bitte

Marco Polo war der erste Weltreisende. Er reiste in friedlicher Absicht, verband Ost und West. Er wollte die Welt entdecken, fremde Kulturen kennen lernen, nicht zerstören. Könnte er heute für uns Reisende nicht Vorbild sein? Aufgeschlossen und friedlich sollte unsere Haltung auf Reisen sein. Dazu gehören auch Respekt vor Mensch und Tier und die Bewahrung der Umwelt.

WWF

faszinieren. Später drehte Charlie Chaplin seinen Goldgräberfilm »Goldrausch«, und Johnny Horton sang »North to Alaska«. Alles Bausteine für den großen Mythos Alaska.

Dass dann in den Fünfzigerjahren Öl entdeckt wurde und neue große Lagerstätten am Eismeer während der Siebzigerjahre, passte genau in die Vorstellung: Der Norden lockte mit neuen Schätzen – und eine weiterer Boom begann. Für die Amerikaner wurde Alaska zur *Last Frontier* – zur letzten Grenze, zur letzten Wildnis für Pioniere und Abenteurer, zur letzten von der Zivilisation noch unverdorbenen Region ihres Kontinents.

Hohe Erwartungen, möchte man meinen, doch Alaska wird ihnen mühelos gerecht. Mit seiner einzigartigen Tierwelt und seiner ungeheuren landschaftlichen Vielfalt hat das Nordland noch immer seine Besucher begeistert. Im Südosten Alaskas bestimmen zerrissene Küsten und dichte, lauschig grüne Regenwälder mit 60 m hohen Sitkatannen das Bild des *Panhandle,* der wie ein schmaler, 800 km langer »Pfannenstiel« vom Hauptteil Alaskas aus am Pazifik nach Süden reicht. Eine spektakuläre Insel- und Fjordwelt, in der Wale und Weißkopfseeadler heimisch sind, in der die Totempfähle der Tlingit-Indianer Wacht halten über pittoreske Fischerdörfer und die Lachse jeden Sommer wie seit Urzeiten zu ihren Laichplätzen in den Bächen ziehen. Die Inside Passage, die legendäre Schifffahrtsroute der Goldgräber, verbindet wie einst die Örtchen der Region miteinander.

Weiter nach Norden, nach Südalaska: Das Gebiet um Anchorage und die Kenai-Halbinsel ist die am besten erschlossene Region Alaskas – was aber nicht allzu viel bedeutet. Im Prince William Sound, im Kenai Fjords National Park und in den Chugach Mountains erwarten Sie Gletscherpanoramen, schöner und erhabener, als man sie in den tollsten Naturfilmen sieht. Elche äsen in den Flusstälern, Seelöwen aalen sich auf den Eisbergen in den Fjorden, und um die Klippen schwirren Tausende von Wasservögeln.

Hier gilt es auch gleich, sich von einem alten Klischee zu verabschieden: Längst nicht ganz Alaska liegt unter Eis und Schnee begraben. Gletscher gibt es nur in den Bergen Süd- und Südostalaskas und in der Alaska Range, die sich als zentrales Gebirgsmassiv durch das Herz des Landes zieht.

Komfort in der Wildnis: ein B&B Inn in Talkeetna

Doch dort sind sie grandios: Der größte Gletscher Alaskas ist der Bering Glacier, der aus dem Bagley Ice Field der Chugach Mountains 160 km weit zum Golf von Alaska fließt.

Weiter auf einer Reise mit dem Finger auf der Landkarte: Die Alaska Range mit dem 6194 m hohen Mt. McKinley, dem höchsten Gipfel Nordamerikas, zieht die große Trennlinie zwischen Süd- und Zentralalaska. Der Denali National Park rund um den gewaltigen vereisten Berg ist ein Muss für jeden Nordlandfahrer – und die beste Gelegenheit, Grizzlies und Karibus zu erleben. Nördlich davon dehnt sich das unendlich breite Yukon-Tal – und es scheint die Sonne. Zentralalaska kann im Sommer mit dem besten Wetter des ganzen Landes aufwarten, 30 Grad sind keine Seltenheit.

Besiedelt wurde diese Region schon um die Wende zum 20. Jh., als beim heutigen Fairbanks Gold entdeckt wurde. Bald folgten eine Bahnlinie und auch die ersten Straßen – doch richtig zivilisiert wurde die Region nie: Bis heute leben noch Goldgräber an den einsamen Bächen im Hinterland, Wölfe heulen in den Wäldern, und im Winter erstarrt alles Leben bei minus 40 Grad Kälte.

Was bleibt, ist das gewaltige Hinterland. Buschalaska: die einsamen Tundralandschaften am Polarmeer und an der Beringsee, die noch völlig unerschlossenen Bergzüge der Brooks Range und die nebligen, stürmischen, weltabgeschiedenen Inseln der Aleuten. Gut, in den weit verstreuten kleinen Eskimoorten gibt es heute Flugplätze und Fernsehen. Alkohol und Motorschlitten haben Einzug gehalten in die Welt der Ureinwohner. Doch das weite Land liegt ursprünglich wie einst unter der Mitternachtssonne. Große Karibuherden ziehen durch die Hügel des Kobuk Valley National Parks, Millionen Wildgänse und andere Wasservögel nisten im Seenlabyrinth des Yukon-Deltas, riesige Braunbären sammeln sich an den Lachsflüssen des Katmai National Parks.

Bis auf wenige Ausnahmen sind diese Landesteile nur auf echten Expeditionen zu erleben – die man lange vorab planen und nur in bester körperlicher Verfassung antreten sollte. Für eine erste Wildnistour empfiehlt es sich ohnehin, einen Guide zu nehmen, der die Region und die Tricks zum Überleben kennt.

Dennoch: Trotz aller Wildheit und Abgeschiedenheit ist Alaska heute verblüffend gut zu bereisen: komfortabel per Kreuzfahrtschiff, individuell mit Mietwagen oder Wohnmobil – oder auch ganz rustikal mit Rucksack und Zelt. Auf geteerten Straßen lässt sich eine lohnende Rundfahrt unternehmen: etwa ab Anchorage über Fairbanks, Delta Junction und Valdez zurück nach Anchorage. Oder Sie reisen – mit entsprechend viel Urlaubszeit – auf dem legendären, 2300 km langen Alaska Highway von Süden her an. Gute Motels, Bed & Breakfast (B & B) Inns und herrlich gelegene Campingplätze warten am Wegesrand. Wanderwege, Bootstouren und Sightseeingflüge erlauben Abstecher ins Hinterland. Und vergessen Sie auch die Nebenstraßen nicht: In kleineren Buschorten wie Talkeetna, Circle oder Eagle gibt es viel Nostalgie und echtes Alaska-Feeling.

Viel Pionierflair und ebenso grandiose Landschaften bietet auch die zweite Region, die dieser Band einschließt: das im Osten an Alaska grenzende Yukon Territory (das inoffiziell schlicht Yukon genannt wird): ein Land, das durch den legendären Goldrausch am Klondike unter Abenteuerfans mindestens so berühmt ist wie Alaska. Politisch gesehen gehört das knapp 500 000 qkm große Territorium zwar zu Kanada und wird von Ottawa aus regiert, doch in Geschichte, Natur und nicht zuletzt auch in der modernen touristischen Infrastruktur ist es untrennbar mit dem großen Nachbarn Alaska verflochten. So ist es nur sinnvoll, eine Besichtigungsreise grenzüberschreitend zu gestalten.

You-con (großes Wasser) nannten die Indianer jenen gewaltigen Strom, der quer durch das Nordland zur Beringsee floss, und später wurde das ganze Gebiet um seinen Oberlauf nach ihm benannt. Während der Frühgeschichte war die weite Talsenke des Yukon River Schauplatz großer Völkerwanderungen, der Korridor, durch den die Vorfahren der Indianer von Alaska aus nach Süden vordrangen und über die Jahrtausende den amerikanischen Doppelkontinent besiedelten.

Während der letzten 100 Jahre kehrte sich die Bewegung um: Das Yukon diente weißen Siedlern als Sprungbrett zur Erschließung Alaskas. 1898 gab der

Goldrausch am Klondike den Startschuss für die Eroberung des Nordens. Von hier zogen die Abenteurer bald weiter zu neuen Goldfunden in Fairbanks und Nome. Und im Zweiten Weltkrieg ermöglichte schließlich der Bau des Alaska Highway quer durch das Yukon das Vordringen der modernen Zivilisation in den Nordwesten bis Alaska.

Auch die Natur ähnelt sich zu beiden Seiten der amerikanisch-kanadischen Grenze: Die weiten Ebenen des Yukon-Tals von Zentralalaska setzen sich nach Osten fort, werden im Yukon jedoch mehrfach unterbrochen von den nördlichen Ausläufern der Rocky Mountains, die als lang gestreckte Mittelgebirge das Land zergliedern. Die höchsten Berge des Yukon liegen im Süden, in den Saint Elias Mountains, wo im weglosen Kluane National Park die Eisgipfel bis fast auf 6000 m aufragen. Die mächtige Barriere dieser Bergkette schützt das Yukon vor den Wolken aus dem Golf von Alaska – so herrscht im Sommer meist strahlender Sonnenschein. Die Winter dagegen sind bitterkalt: Im Februar 1947 wurde im Norden bei Old Crow mit minus 63 Grad Celsius sogar die kälteste Nacht Kanadas gemessen.

Die empfohlene Reisezeit ist also ganz klar der warme Sommer, dann entfaltet das Yukon seine Reize. Pionierflair und Trubel herrschen im alten Goldland am Klondike River: Dawson City, einst das »Paris des Nordens«, pflegt die Erinnerung an die Boomtage. Ein Besuch am Klondike zählt zum Pflichtprogramm jeder Nordlandreise, danach kann man hinausziehen zu

Wildnisabenteuern ins weite Land: zu einer Panoramafahrt über den Top of the World Highway etwa oder zu einer Tour auf dem Dempster Highway ins Mackenzie-Delta, zu einer Paddelreise auf dem gemächlich dahinfließenden Yukon River, auch zu einem Raftingtrip auf dem Alsek River oder dem Tatshenshini River, zwei einzigartigen Wildwasserflüssen, die sich mit Macht ihren klippengesäumten Weg durch die Küstenberge zum Pazifik bahnen. Und auf Wanderfreunde wartet ein besonderer Leckerbissen: Sie können in vier bis fünf Tagen auf historischen Pfaden der Goldgräber von Skagway aus über den legendären Chilkoot Pass und die Küstenberge wandern und ganz authentisch das mühevolle Leben zu Pionierzeiten nachempfinden.

Doch nehmen Sie sich nicht zu viel vor für die Tour in den Norden. Eine ausgiebige Rundfahrt mit Zeit für Wanderungen und vielleicht einem Flug mit einem Buschpiloten ins Hinterland oder einem Aufenthalt in einer Wildnislodge, das genügt für drei Wochen. Eine Fährfahrt durch die Inside Passage, ein Aufenthalt in einer Angellodge, eine Schlauchboottour auf einem abgelegenen Fluss – schon ist eine weitere Woche verplant. Möglichkeiten zum Abenteuer gibt es in Alaska viele, doch man muss sich Zeit nehmen und sich auf die Gegebenheiten einlassen. Irgendwo in diesem wilden Land, am Lagerfeuer auf einem Campingplatz, in einer Lodge mit Aussicht über einen majestätischen Fjord oder beim Blick auf den Mt. McKinley, werden dann auch Sie dem Zauber Alaskas erliegen.

Geschichtstabelle

Ab 28 000 v. Chr.
Paläo-Indianer aus Sibirien wandern über die Beringstraße nach Alaska ein

1741 n. Chr.
Vitus Bering entdeckt Alaska und landet auf Kayak Island. Die Berichte von kostbaren Seeotterpelzen lösen die russische Kolonisierung Alaskas aus

1799
Alexander Baranof, erster Gouverneur der Russisch-Amerikanischen Gesellschaft, gründet Sitka und macht es zur Hauptstadt seines Pelzhandelsreichs

18. Oktober 1867
Russland verkauft seine Kolonie für 7,2 Mio. Dollar an die USA

1896
Gold am Klondike! 1898 Funde bei Nome, 1902 auch in der Region um Fairbanks

1912
Alaska wird Territorium mit Selbstverwaltung

1917
Erster National Park Alaskas wird die Wildnisregion um den Mt. McKinley

1935
Die US-Regierung siedelt Farmer aus dem Süden im Matanuska-Tal an, das sich zum landwirtschaftlichen Zentrum entwickelt

1942
Bau des Alaska Highway, der einzigen Landverbindung nach Alaska. Überall in Alaska entstehen Militärstützpunkte. Hunderte Flugzeuge gehen von dort als Kriegshilfe nach Russland

1957
Das Ölzeitalter Alaskas beginnt

3. Januar 1959
Alaska 49. Bundesstaat der USA

27. März 1964
Um 17.36 Uhr erschüttert das schwerste je in Nordamerika gemessene Erdbeben Südalaska

1968
An der Polarmeerküste bei Prudhoe Bay werden Ölvorkommen entdeckt

1971
Im Alaska Native Claims Settlement Act werden die Rechte der Ureinwohner anerkannt: Sie erhalten 18 Mio. ha Land und 900 Mio. Dollar, die von 13 neu gegründeten Native Corporations investiert werden

1974–1977
Bau der Alyeska Pipeline von der Prudhoe Bay nach Valdez

1989
25 Jahre nach dem großen Erdbeben eine erneute Katastrophe: Der Tanker »Exxon Valdez« läuft auf ein Riff, 42 Mio. l Öl strömen in den Golf von Alaska

1992
Erstmals seit 50 Jahren Kontakte zwischen Alaska und Sibirien

1999
Die Inuit Kanadas erhalten östlich des Yukon Territory ein eigenes Territorium: Nunavut

Von Bären bis zu Wildnislodges

Buschpiloten sind die Taxifahrer Alaskas – wissenswerte Hintergründe zum Verständnis des Landes

Bären

Eisbären werden Sie auf Ihrer Urlaubsreise nach Alaska kaum zu Gesicht bekommen: Die weißen Riesen leben ausschließlich in der Packeiszone der Polarmeerküste. Schon eher können Sie Bekanntschaft mit einem der kleineren, bis zu 90 kg schweren Schwarzbären machen, die vor allem im Süden und im Panhandle Alaskas verbreitet sind. Die wahren Könige der Wildnis aber sind die Grizzlies, die mit Ausnahme von einigen Inseln überall im Staat vorkommen. Im Binnenland, wo sie von Wurzeln, Beeren und kleineren Tieren leben, werden sie 200 bis 300 kg schwer. Entlang der Küste und auf Kodiak Island, wo sie sich mit fetten Lachsen satt fressen können, bringen die zotteligen Giganten – hier als Braunbären bezeichnet – bis zu 600 Kilo auf die Waage. An manchen Bächen sammeln sich zur Zeit der Lachszüge Dutzende dieser Ungetüme. Einen Besuch an den

Die Traditionen sind nicht vergessen: Tlingit-Indianer bei einem Fest in Juneau

berühmten Beobachtungsstellen wie etwa McNeil River, Pack Creek, Katmai National Park oder Kodiak Island müssen Sie allerdings lange vorab planen. Das Fremdenverkehrsamt von Alaska versendet ein Infoblatt mit den Anmeldebestimmungen.

Und noch eins: Vorsicht ist im Bärenland immer geboten! Nehmen Sie keine Lebensmittel mit ins Zelt, und machen Sie beim Wandern etwas Krach – ein überraschter Bär kann sehr ungemütlich werden!

Buschpiloten

Mit einem Straßennetz von insgesamt nur 22 000 km ist der weitaus größte Teil Alaskas das Reich der Airtaxis und Buschpiloten. Die meisten kleinen Orte, die Seen und Naturschutzgebiete im Hinterland sind nur per Wasserflugzeug zu erreichen. Knapp 10 000 Flugzeuge sind in Alaska zugelassen – eines pro 60 Einwohner. Und es gibt mehr als 500 offizielle Flugplätze – die Seen und Kiesbänke in der Wildnis erst gar nicht gerechnet. Seit 1924 das erste Flugzeug von Fairbanks aus zum Goldcamp McGrath flog, sind die Buschpi-

Wasserflugzeuge – oft das einzige Verkehrsmittel ins Hinterland

loten untrennbar mit der Pioniergeschichte Alaskas verbunden,
und die – nicht immer glimpf-
lichen – Notlandungen und Ret-
tungsaktionen früher alaskanischer Buschpiloten wie Ben
Eielson oder Don Sheldon sind
legendär. Auch heute ist Busch-
fliegen nicht ungefährlich: Lassen
Sie sich auf jeden Fall vor dem
Abflug die Notausrüstung und
den Notsender zeigen, die in jedem Flugzeug mitgeführt werden müssen.

Erdbeben und Vulkane
Alaska gehört zum »Feuerring
um den Pazifik«, zu jener tek-
tonisch unruhigen Region, die
mit Erdbeben und Vulkanaus-
brüchen immer wieder für
Schlagzeilen sorgt. Schuld daran
ist die Kontinentalverschiebung:
Tief unter der Südküste Alaskas
und der Aleutenkette schiebt sich
die Pazifische Platte unter die
Nordamerikanische. Die entste-
henden Spannungen und Risse

lassen die Region nicht zur Ruhe
kommen. Allein in historischer
Zeit sind rund 40 Vulkane Alaskas ausgebrochen. Die schwerste
Eruption war 1912 im heutigen
Katmai National Park, aber auch
in jüngster Zeit gab es Ausbrüche
zu vermelden: 1986 der Mt. Augustine im Cook Inlet, 1992 der
Mt. Spurr westlich von Anchorage. Ähnlich verhält es sich mit
den Erdbeben: Das Karfreitags-
beben von 1964 war mit 8,6 auf
der Richterskala sogar das hef-
tigste je gemessene Beben Nordamerikas. Damals entstand in den
Hafenorten Südalaskas großer
Schaden, doch die meisten Erdbeben verlaufen relativ ungefährlich, da sie vor allem weit
draußen in den menschenleeren
Aleuten passieren.

Eskimos und Indianer
Von den rund 620 000 Bewoh-
nern Alaskas sind heute gut
100 000 Nachfahren der einstigen
Herren des Landes: Im Südosten

leben Tlingit-, Haida- und Tsimshian-Indianer, im Binnenland und im kanadischen Yukon Territory sind es indianische Dene-Stämme, und entlang der Küsten des Polarmeers und der Beringsee sind es Eskimos. Außerdem gibt es noch eine dritte, oft vergessene Volksgruppe der Ureinwohner: die Aleuten, die bis heute auf den Pribilof Islands und in einigen kleinen Orten der Aleutenkette leben.

Während die weißen Alaskaner zumeist in den Städten wohnen, sind die *natives* nach wie vor im weiten Hinterland zu Hause. Sie sind nicht arm, denn ihre *Native Corporations* – Wirtschaftsunternehmen, die die Gelder aus ihrer 1971 unterzeichneten Abtretung Alaskas an die USA investieren – machen zumeist gute Profite. Dennoch existiert längst keine heile Welt mehr in den Dörfern: Alkohol und Langeweile sind die größten Probleme. Das Leben der Jäger von einst hat seinen Sinn verloren, die Kultur der Weißen kann die alte Lebensweise nicht ersetzen.

Gold

Kein anderer Rohstoff hat die Geschichte Alaskas so bestimmt wie das Gold, kein anderer hat mehr Menschen angelockt, mehr Träume ausgelöst – und mehr Tragödien. Schon 1848 hatten die Russen auf der Kenai-Halbinsel erste Spuren des gelben Metalls entdeckt. Erst 1880 kam es in Juneau zum ersten echten Goldfund, und wenig später auch in der Fortymile-Region. Dann löste 1896 die Entdeckung der Goldlager am Klondike den größten Goldrausch aller Zeiten aus, und an die 100 000 hoffnungsvolle Goldsucher machten sich auf den mühsamen Weg über den Chilkoot Pass. Gold im Wert von 100 Millionen Dollar wurde damals in nur drei Boomjahren gefördert. Weitere große Goldfunde in Nome (1899) und Fairbanks (1902) folgten. Auch heute noch wird geschürft in Alaska, vor allem im Raum um Fairbanks: 1996 waren es knapp 180 000 Unzen Gold im Wert von etwa 60 Millionen Dollar.

Lachse

Der Traum jedes Anglers ist es, einmal in Alaska auf Lachsfang zu gehen. Kein Problem, denn Fische gibt es genug – allein in die Bristol Bay etwa kommen in einem guten Jahr 40 Millionen Sockeye-Lachse zum Laichen. Fünf Arten der begehrten Fische findet man in Alaska: den kleinen Chum und Pink Salmon, den Sockeye-Lachs, auch Red Salmon genannt, den Silberlachs und die berühmteste und größte Spezies, den Königslachs. Über 40 Kilo schwer kann ein King Salmon werden. Ihrem uralten Lebenszyklus zufolge kehren alle pazifischen Lachsarten nach einigen Jahren im offenen Ozean wieder in die Flüsse zurück. Wie auf ein geheimes Signal hin schwimmen sie zu Tausenden gemeinsam stromaufwärts in die Bäche, in denen sie geboren wurden. Dort laichen sie und sterben. Am Geschmack des Wassers erkennen die Fische exakt, in welchen Bach sie zurückkehren müssen. Das Naturschauspiel dieser *salmon runs* lässt sich auch heute noch jeden Sommer in den gut erreichbaren Bächen Südostalaskas und auf der Kenai-Halbinsel beobachten.

Ölpipeline

Das Jahrhundertbauwerk Alaskas: Fast 1300 km zieht sich das schimmernde Band der Alyeska Pipeline – so heißt sie offiziell – quer durch Alaska von der Prudhoe Bay am Polarmeer bis zum Tankerhafen Valdez am Golf von Alaska. Gut die Hälfte der Strecke liegt sie erhöht auf Stelzen, um den Dauerfrostboden nicht aufzutauen. 78 000 Stelzen sind es insgesamt. Bauzeit für das neun Milliarden Dollar teure Rohr: zwei Jahre. Am 20. Juni 1977 floss das erste Öl – mittlerweile sind es über zwölf Milliarden Barrel geworden, die Alaska Wohlstand verschafft haben. Aber auch Probleme: Im März 1989 lief der Tanker »Exxon Valdez« auf ein Riff im Prince William Sound. 42 Mio. l Rohöl verseuchten die Küsten Südalaskas bis nach Kodiak Island.

Permafrost

Dauerfrostboden entsteht überall dort, wo die durchschnittliche Jahrestemperatur unter null Grad liegt – und das ist in weiten Teilen Alaskas der Fall. Vor allem nördlich der Brooks Range bleibt der Grundwasserspiegel in der Erde über mehrere Jahre hinweg gefroren, und auch im Hochsommer taut nur die oberste Bodenschicht auf. Nicht zuletzt deshalb ist das Wandern oder Häuserbauen im Norden schwer – das Tauwasser auf dem hart gefrorenen Untergrund macht den Boden zum Morast, sodass Häuser vielfach auf Stelzen gebaut werden müssen. Die Pflanzen der Tundra wachsen manchmal nur auf einer wenige Zentimeter dicken Bodenkrume, darunter liegt blankes Eis aus alten Seen.

Hoch im Norden macht die Pelzmode durchaus Sinn

Zentralalaska und das heutige Yukon Territory waren während der Eiszeiten nicht von schützenden Gletschern bedeckt, und so konnte die Kälte über Jahrtausende einwirken und den Boden gefrieren. In manchen Regionen reicht der Permafrost über 1000 m weit in die Tiefe.

Politisches System

Nach gut 100 Jahren als Kolonie Russlands und weiteren 100 als abhängiges Territorium der USA wurde Alaska 1959 ein eigenverantwortlicher US-Bundesstaat mit Juneau als Hauptstadt. Dementsprechend sind auch die heutigen politischen Strukturen: Die Legislative besteht aus einem Senat mit 25 Mitgliedern und einem Repräsentantenhaus mit 40 Mitgliedern. Die Regierungsgeschäfte führt ein Governor, der alle vier Jahre neu gewählt wird, mit seinem Kabinett. In Washington ist Alaska mit zwei Senatoren und – aufgrund der geringen Bevölkerung – mit nur einem Abgeordneten im Repräsentantenhaus vertreten.

Rohstoffe und Wirtschaft

Verarbeitende Industrien und damit eine gesunde Wirtschaftsgrundlage gibt es in Alaska bis heute nicht. Seit der Kolonisierung durch die Russen um die Mitte des 18. Jhs. ist die rücksichtslose Ausbeutung der natürlichen Reichtümer Tradition in Alaska – und das Land hat dies nur durch seine immense Größe bisher verkraftet. Pelze und Gold waren die früher ausgebeuteten Schätze, heute steht das Öl an erster Stelle der genutzten Rohstoffe – und bringt dem Staat das meiste Geld. So viel Geld, dass Alaska keine Einkommensteuer erhebt und jedem seiner Bürger sogar einen jährlichen Scheck schicken kann aus den Zinsen des Ölgelds. Mindestens sechs Milliarden Barrel Öl liegen noch unter der Tundra des North Slope. Weitere wichtige Wirtschaftszweige sind Tourismus, Holzfällerei (vor allem in Südostalaska) und Fischerei (im Golf von Alaska und in der Beringsee).

Totempfähle

Die Indianerstämme der Tlingit und Haida im *Panhandle* waren die Schnitzkünstler Alaskas – und die überreiche Natur jener Region gab ihnen genug Muße, sich ihrer Kunst zu widmen. Aus dem weichen Holz der *cedars,* einer Thujaart, schnitzten sie üppig verzierte Masken, Kisten und Kanus. Doch die spektakulärsten Symbole der Northwest-Kultur waren die Totempfähle: Mit Pflanzenfarben grellbunt bemalt, dienten sie als Prestigeobjekte und Familienwappen, als hölzerne Mythenerzähler und Chroniken der Clangeschichte. Das Aufstellen eines Pfahls war Anlass für ein *potlatch,* ein großes Fest, bei dem tagelang getanzt und gegessen wurde.

Die Blütezeit der indianischen Schnitzkunst begann um 1840, nachdem die Indianer von den Weißen Metallwerkzeuge erhalten hatten. Doch die Missionare sahen in den Pfählen Götzenbilder und verboten sie. Erst neuerdings wurde die alte Kunst wieder belebt: Werkstätten und Schnitzschulen stehen heute in Ketchikan, Sitka und Haines – Zeichen indianischer Renaissance und neuen Stolzes in der Urbevölkerung.

Wildnislodges

Eine der schönsten Möglichkeiten, die Natur Alaskas zu erleben, ist ein Aufenthalt in einer der über den ganzen Staat verstreuten Wilderness Lodges für maximal 10 bis 20 Gäste. Meist sind es idyllische Blockhütten an einem Fjord oder einem See im Hinterland, die nur per Wasserflugzeug oder Boot zu erreichen sind. Die Einrichtung reicht von rustikal bis luxuriös, die Preise von $ 50 pro Tag bis $ 300 und mehr. Kajakfahrten, Angeln, Tierbeobachtung und Wildniswanderungen stehen auf dem Programm. Meist wird recht gut und deftig gekocht – Lachs, Krebse, Steaks und manchmal auch Elchstew. Manche Lodges sind sogar trotz ihrer Abgelegenheit für feine Küche bekannt. Auf jeden Fall aber müssen Sie – ähnlich wie auch bei geführten längeren Wildnistouren – Ihren Aufenthalt lange vorab reservieren. Die guten Lodges sind für die Hochsaison oft schon ein halbes Jahr zuvor ausgebucht, also kein Ziel für Kurzentschlossene.

Muktuk und Rentiersteaks

In den Coffeeshops regiert die amerikanische Küche,
doch es gibt auch echte Alaska-Spezialitäten

Große kulinarische Ereignisse darf man – außer in Bezug auf den hervorragenden Lachs – in Alaska nicht erwarten. Es wird handfest amerikanisch gekocht, und die Portionen sind üppig. Auch in den kleinen Restaurants der Roadhouses am Highway oder in den Lodges werden ausgezeichnete Steaks gebrutzelt und deftige Eintöpfe gerührt: gerade richtig für den bedürftigen Wanderermagen!

Unbedingt probieren müssen Sie natürlich den Fisch: Frischer Lachs und Heilbutt aus alaskanischen Gewässern stehen fast überall auf der Speisekarte. Man muss nur aufpassen, dass der Fisch nicht in Einheitspanade frittiert wird, sondern *grilled, sauteed* (kurz gebraten) oder *broiled* (gebraten) auf den Tisch kommt. Königs- und Silberlachs sind die besten Salmarten. Besonders schmackhaft ist der Silberlachs aus dem Copper River, der wegen des kalten Gletscherwassers ein von feinen Fettschichten durchwachsenes Fleisch besitzt.

Fangfrisch aus der Beringsee:
alaskanische Königskrabben

Auch Muscheln oder Krebse werden in den Küstenorten oft serviert, dazu gibt es bissfestes, feinwürziges Sauerteigbrot.

Während das Meer die Küche Alaskas vielfach bereichert, sind die Produkte des Landes spärlicher gesät: Hier und dort serviert ein Roadhouse Blaubeerkuchen, eine Lodge tischt Marmelade aus Tundrabeeren auf, oder es werden gedünstete Fiddlehead-Farne als Beilage gereicht. Mehr hat das karge Land kaum zu bieten.

Die Preise in den Restaurants liegen relativ hoch, da besonders im Hinterland alles über lange Strecken transportiert oder sogar eingeflogen werden muss. Als Selbstversorger auf einer Campingtour sollten Sie sich daher schon zu Anfang in den gut bestückten Supermärkten von Anchorage mit allem Nötigen eindecken. In den kleinen Läden im Hinterland beschränkt sich die Auswahl dann meist auf tiefgefrorenes Hamburgerfleisch und Dosengemüse. Für längere Wildniswanderungen sind gefriergetrocknete Speisen am besten, wie sie in allen größeren Sportläden Alaskas erhältlich sind.

Aber gibt es denn gar keine alaskanischen Spezialitäten? Nun, bei den Eskimos von Barrow könnten Sie zur Jagdzeit Muktuk probieren – Walschwarte, in kleine Stückchen geschnitten und roh zu essen. Ein Leckerbissen für jeden Eskimo – aber für den Europäer sehr gewöhnungsbedürftig. Ein weit ansprechenderer alaskanischer Leckerbissen sind dagegen die berühmten riesigen Königskrabben aus den kalten Tiefen der Beringstraße, die in den gehobeneren Restaurants serviert werden.

Man möchte erwarten, in einem so wildreichen Land wie Alaska öfter auch zarte Wildente oder saftige Karibusteaks auf der Speisekarte zu finden. Weit gefehlt! Wildbret darf ohne amtstierärztliche Genehmigung nicht verkauft werden, und nur wenige Restaurants bekommen eine solche. Die Alaskaner und Kanadier jagen nur für den Eigenverbrauch, und höchstens bei einer Privateinladung kommt man mal in den Genuss von Wildgerichten. Doch die Jagdsaison ist im Herbst – und bis im nächsten Frühjahr die Besucher anreisen, sind die Elchsteaks schon längst in die Pfanne gewandert.

Rentiersteaks oder auch -wurst kommen schon häufiger auf den Tisch, denn die Eskimos bei Nome züchten die gegen Ende des 19. Jhs. aus Lappland eingeführten Tiere. Mittlerweile gibt es einige Metzgereien in und um Anchorage, die daraus würziges Dörrfleisch oder Wurst herstellen. Doch alles, was die Wildnis sonst liefert, müssen Sie sich schon selbst holen: leckere Forellen etwa aus den Seen und Wildbächen oder süße Heidelbeeren und aromatische Pilze aus den Wäldern. Aber Vorsicht: Essen Sie nur das, was Sie kennen!

Restaurants

Zum Frühstück geht man in den Coffeeshop, der fast überall zum Hotel oder zur Lodge gehört. Auf der Karte steht allerorten in Alaska das deftige amerikanische Frühstück, das oft den ganzen Tag vorhält. Dazu gehören Eier *(sunny side up* = Spiegelei, *overeasy* = Spiegelei gewendet, *scrambled* = Rührei), Würstchen *(sausage)*, Speck *(bacon)* oder Schinken *(ham)* sowie Bratkartoffeln *(hash browns)* und Toast mit Marmelade. Probieren Sie auch einmal *French toast* (arme Ritter), *pancakes* oder ein Omelett. Wenn Sie jedoch nur wenig Hunger haben, sollten Sie ein *continental breakfast* bestellen: Kaffee, Orangensaft und Toast oder Gebäck. Der Kaffee – allerdings oft sehr herzfreundlich dünner – wird kostenlos nachgeschenkt bis zum Abwinken.

Zum Lunch, der etwa zwischen 12 und 14 Uhr serviert wird, essen die Amerikaner nur kleinere Gerichte. Diese sind auf einer separaten Speisekarte *(lunch menu)* aufgeführt: z. B. *soup and salad,* ein Sandwich oder ein meist gar nicht schlechter hausgemachter Hamburger.

Das Abendessen *(dinner)* wird in ländlichen Regionen schon zwischen 18 und 19 Uhr serviert, in den Städten etwa von 19 bis 21 Uhr. Zu den Besonderheiten gehört, dass man in den meisten Restaurants einen Tisch zugewiesen bekommt. Ein Schild am Eingang zeigt dies an: *Please wait to be seated.* Familiärer geht es natürlich in den Wildnislodges zu, in denen man schon mal beim Abspülen der Blechnäpfe helfen darf. Es gibt aber auch eine ganze Reihe sehr luxuriöser Lodges, in denen bei Kerzenschein von noblem Porzellan gegessen wird und die für ihre ausgezeichnete Küche weithin bekannt sind.

Die auf der Speisekarte des Restaurants angeführten Preise enthalten weder Bedienungsgeld *(tip)* noch die von Ort zu Ort unterschiedliche Steuer. Auf der Rechnung wird dann die Steuer ausgewiesen, das Bedienungsgeld (etwa 15 Prozent vom Rechnungsbetrag) lässt man auf dem Tisch liegen.

Trinken

Alaska ist Bierland. Allerdings sind die meist eiskalt servierten amerikanischen Massenbiere wie Bud oder Coors eher dünn und wässrig. Es gibt aber auch bessere Biere aus kleinen regionalen Brauereien wie etwa Alaskan Amber und die süffigeren kanadischen Biere wie z. B. Molson Canadian oder Labatt's Blue. Wein bekommen Sie oft nur in besseren Restaurants – dann handelt es sich aber meist um recht gute Tropfen aus Kalifornien.

Wer hochprozentigere Getränke möchte, kann auf amerikanischen Bourbon oder kanadischen Whisky zurückgreifen, der entweder auf Eis *(on the rocks)* oder wie auch Rum oder Gin in verschiedenen Mixgetränken serviert wird. Spezialität des Nordens ist Yukon Jack, ein umwerfend starker Whiskylikör für die langen kalten Winternächte mit den bekannten Nebenwirkungen.

Neben den üblichen Hotelbars in den Städten findet man im Hinterland viele rustikale Bars mit ausgestopften Elchköpfen an der Wand und einem langen Tresen. Oft ist das der beste Platz, um *locals* (Einheimische) kennen zu lernen. Eine kanadische Besonderheit ist das *cabaret*, kein Kabarett, sondern eine größere Bar, in der häufig eine Country- und Westernband spielt.

Gastlichkeit am Ende der Welt: Nugget Inn in Nome

Ulus und Mukluks

*Das Leben ist teuer im Norden, aber einige
gute Mitbringsel sind ihren Preis wert*

Nur in Anchorage, Fairbanks und wenigen anderen größeren Orten gibt es die typisch amerikanischen Shoppingmalls und Supermärkte. Aber selbst dort liegen die Preise wegen der hohen Transportkosten um bis zu ein Viertel über denen in den südlicheren Staaten. Im Hinterland kosten frische Lebensmittel teilweise noch um 200 bis 300 Prozent mehr als in den Städten. Ausrüstung und allen Grundbedarf für eine Tour kaufen Sie also besser schon in Anchorage.

Souvenirs »Made in Taiwan« finden Sie reichlich in den einschlägigen Shops. Aber es gibt auch schöne Mitbringsel, die tatsächlich aus Alaska stammen: Wie wäre es etwa mit einem Ulu, dem traditionellen Messer der Eskimos, mit dem Sie zu Hause hervorragend Gemüse oder Fleisch schneiden können? Ebenfalls aus der Arktis stammen Parkas mit bunten Stickereien und Strickwaren aus Qiviut, der Wolle der Moschusochsen. Mukluks, die dicken Pelzstiefel der Eskimos, wird man zwar daheim nie brauchen, aber sie machen sich auch als Wandschmuck recht dekorativ.

Goldschmuck aus Nuggets wird im kanadischen Yukon Territory und in ganz Alaska angeboten, vor allem in den Goldregionen um Dawson City und Fairbanks. Auch die Landesprodukte eignen sich gut als Mitbringsel: Fireweed-Honig etwa, Räucherlachs oder Marmelade aus alaskanischen Beeren. In den Kunstgalerien locken Gemälde, Schmuck und Skulpturen mit alaskanischen Motiven – viel Kitsch ist darunter, aber auch interessante Werke junger kreativer Künstler und renommierter Kunstschaffender wie Rie Muñoz oder Barbara Lavellee.

Besonders typisch – und leider auch teuer – ist die Kunst der Ureinwohner: Die Dene-Indianer fertigen in alter Tradition Mokassins aus Elchleder, mit Stachelschweinborsten verzierte Körbe und perlenbestickte Jacken. Die Tlingit in Südostalaska, einst berühmt für ihre Totempfähle, schnitzen heute kleinere Objekte und übertragen die stilisierten Tiersymbole ihrer Kunsttradition auf Silberschmuck und Zeichnungen. Die Eskimos schließlich sind berühmt für ihre Skulpturen aus Speckstein und Jade, die auch in renommierten Galerien der Städte zu erwerben sind (Preise ab ca. $ 200).

Wandschmuck à la Alaska

Pionierfeste und Hundeschlitten- rennen

Im Sommer wie im Winter sind die Alaskaner zu Partys aufgelegt – auch bei Eiseskälte meist im Freien

Es wird hart gearbeitet in Alaska, aber auch ebenso intensiv gefeiert. Laut, burschikos und hemdsärmelig geht es meist zu, reichlich Bier wird ausgeschenkt, und beim Holzsägen oder bei einem Kanurennen können Sie Ihre Kräfte mit den Naturburschen des Landes messen.

Erlebenswert sind vor allem die Pionierfeste in den kleineren Orten: Mit witzigen Paraden, einem Jahrmarkt und Wettbewerben feiert man die kurze, aber bewegte Geschichte des Nordlands. Erkundigen Sie sich vor Ort im Visitor Center, wo am nächsten Wochenende etwas los ist.

Auch spezielle Interessen werden reichlich berücksichtigt: Für die Lachsfischer richtet im Sommer nahezu jeder Küstenort ein *Salmon Derby* aus, für Vogelfreunde gibt es zur Wanderung der Zugvögel im Frühjahr zahlreiche *Bird Festivals* mit Vorträgen und geführten ornithologischen Touren. Im Winter treffen sich die Trapper zur Pelzauktion, und in vielen Orten werden – oft hoch dotierte – Hundeschlittenrennen veranstaltet. Nicht umsonst ist *dog sledding* die offizielle Sportart Alaskas. Kirchliche Feiertage fallen in Alaska wie auch in Kanada nicht sehr ins Gewicht, in den Städten sind dann sogar die meisten Läden geöffnet. Die staatlichen Feiertage werden traditionell auf einen Montag gelegt, sodass ein langes Wochenende entsteht – für viele Alaskaner Anlass zu einem Kurzurlaub. Zwei dieser verlängerten Wochenenden begrenzen die sommerliche Reisesaison: Der Memorial Day Ende Mai markiert ihren Anfang, mit dem Wochenende des Labor Day Anfang September endet sie.

OFFIZIELLE FEIERTAGE

An den folgenden Tagen sind Banken, Schulen, Postämter und viele Museen geschlossen:
1. Januar *Neujahrstag*
3. Montag im Januar *Martin Luther King Jr. Day*

Des Trappers treue Freunde

MARCO POLO TIPPS FÜR FESTE

1 Iditarod Race
Das härteste und auf jeden Fall berühmteste Hundeschlittenrennen der Welt (Seite 26)

2 Klondike International Outhouse Race
Verrückter geht's kaum: ein Klohäuschen-Rennen! (Seite 27)

3 Talkeetna Moose Dropping Festival
Uriges Pionierfest mit viel Tanz und lustigen Spielen (Seite 27)

4 World Eskimo-Indian Olympics
Sport mal anders: z. B. mit Wettkämpfen im Ohrenziehen (Seite 27)

3. Montag im Februar *Presidents' Day*

3. Montag im März *Seward's Day* (zur Feier des Landkaufs von Russland)

Letzter Montag im Mai *Memorial Day* (Heldengedenktag)

4. Juli *Independence Day*

3. Montag im August *Discovery Day* (im kanadischen Yukon Territory)

1. Montag im September *Labor Day*

18. Oktober *Alaska Day*

11. November *Veterans Day*

3. Donnerstag im November *Thanksgiving Day*

FESTE UND FESTIVALS

Februar
Anchorage lädt zum größten Winterfest Alaskas, dem *Fur Rendezvous* mit Winterkarneval, Pelzauktion, Hundeschlitten- und Skirennen sowie Wettbewerben im Schnitzen von Eisskulpturen.

Yukon Sourdough Rendezvous. Winterfest der Goldgräber in Whitehorse anlässlich des 1500 km langen Schlittenhunderennens Yukon Quest. Den ganzen Mo-nat über finden in vielen kleinen Orten Alaskas *Schlittenhunderennen* und Winterkarnevals statt: etwa in Nenana, Ketchikan und Valdez.

März
Anchorage: Anfang des Monats Start des berühmten ★ *Iditarod Trail Sled Dog Race.* 1049 Meilen und 14 Tage später kommen die erschöpften Schlittenhunde und -fahrer in Nome am Ufer der Beringstraße an – Anlass für ein großes Willkommensfest.

April
Fairbanks: *Arctic Man Ski & Sno Go Classic,* ein wildes Rennen mit Motorschlitten-Ski-Gespannen.

Mai
Cordova Shorebird Festival. Anfang des Monats im Delta des Copper River. Der ultimative Treff für Hobbyornithologen und Millionen Zugvögel.

Homer richtet zur selben Zeit das *Annual Kachemak Bay Shorebird Festival* aus.

Kodiak Island: Mit Jahrmarkt und Wettbewerben feiert die Insel beim *Crab Festival* ihre legendären Königskrabben.

Juni

Am Wochenende um den 21., zur Sonnenwende, lädt Nome zum *Midnight Sun Festival,* Anchorage zum *Midnight Sun Marathon* und Skagway zu seinem traditionellen *Solstice Picnic.* Das kanadische Dawson City veranstaltet eine große *Party auf dem Midnight Dome,* dem Berg oberhalb der Stadt.

Juli

✪ Die beiden Nationalfeiertage *Canada Day* (1. Juli) und *Independence Day* (4. Juli) sind allerorten Anlass für Picknicks und Paraden, Feuerwerke und Straßenfeste. Vor allem in Grenzorten wie Hyder, Haines oder Eagle geraten die Feiern zu einer viertägigen Dauerparty.

Dawson City: am 1. Juli *Meisterschaften im Goldwaschen* und ein Wettrennen auf den Midnight Dome.

Seward: am 4. Juli traditionelles *Mt. Marathon Race,* ein schwieriges Wettrennen auf den 920 m hohen Hausberg, das bei ziemlich vielen Teilnehmern blutige Blessuren hinterlässt.

Talkeetna: am 2. Wochenende des Monats ★ *Moose Dropping Festival,* ein Pionierfest mit Kostümparade und Jahrmarkt

Fairbanks: Bei den *Golden Days* Mitte des Monats gedenkt die Stadt ihrer Goldgräberzeit mit großer Parade, Countrymusik

und Kostümfesten. Zur selben Zeit treffen sich die besten Sportler der Ureinwohner zu den ★ *World Eskimo-Indian Olympics.*

August

Salmon Derbies in Seward, Valdez, Cordova und Juneau.

Valdez: *Gold Rush Days.* Ein buntes Pionierfest zu Anfang des Monats.

Dawson City: *Discovery Days.* Um den 17. feiert die Stadt den ersten Goldfund im kanadischen Yukon Territory mit Kostümparade und Bootsrennen.

Fairbanks: Holzfäller, Farmer und Goldgräber treffen sich in der ersten Monatshälfte zum ✪ *Tanana Valley State Fair,* einer großen Landwirtschaftsausstellung mit viel Countrymusik, Jahrmarkt und der Präsentation der größten Kohlköpfe des Landes. Mitte des Monats folgt in Haines der *Southeast Alaska State Fair,* anschließend gibt es in Palmer den *Alaska State Fair.*

September

Dawson City: Am ersten Wochenende flitzen beim ★ *Klondike International Outhouse Race* allerlei witzig dekorierte Klohäuschen durch die kanadische Stadt – gezogen von kostümierten Goldgräbern.

Kenai, Petersburg, Kodiak und Whittier richten weitere *Salmon Derbies* aus.

Fair-Time in Alaska

Im Spätsommer finden in Fairbanks, Haines und Palmer die State Fairs statt – simple Landwirtschaftsausstellungen möchte man meinen. Doch weit gefehlt: Diese Fairs sind die beste Gelegenheit, die Alaskaner kennen zu lernen – bei indianischen Tänzen, Countrymusik, Paraden und Oldtimer-Treffs.

Die Metropole in der Wildnis

Anchorage ist das Tor zu Alaska – hier beginnen die meisten Touren, hier versorgt man sich für die Wildnis

Die Alaskaner sagen: »Von Anchorage aus kann man Alaska schon sehen.« Was sie meinen, wird beim Anflug auf die einzige Metropole (**110/B 4**) des 49. Bundesstaats deutlich: Der Blick fällt auf eine großflächig angelegte, typisch amerikanische Stadt mit breiten Straßen im Schachbrettmuster, ausufernden Vororten

Fourth Avenue: Die »historischen« Bauten sind gerade mal 50 Jahre alt

und einigen klotzigen Hochhäusern im Zentrum. Rund 255 000 Menschen leben hier, fast die Hälfte aller Alaskaner. Doch gleich am Stadtrand beginnt grandiose Wildnis: Im Osten ragen die vergletscherten Chugach Mountains bis auf über 2000 m auf, davor begrenzen zwei schimmernde Meeresarme die breite Küstenebene, in der Anchorage liegt. Bei klarem Wetter sind im Norden sogar die Eisgipfel der Alaska Range mit dem höchsten

---

Hotel- und Restaurantpreise

Unterkünfte
Kategorie 1: luxuriöse Hotels und Lodges über $ 170
Kategorie 2: gute Hotels und Motels von $ 80 bis170
Kategorie 3: einfache Motels unter $ 80

Die Preise gelten für zwei Personen im Doppelzimmer. Einzelzimmer sind kaum billiger.

Kinder schlafen im Zimmer der Eltern meist kostenlos.

Restaurants
Kategorie 1: über $ 35
Kategorie 2: $ 20 bis 35
Kategorie 3: unter $ 20

Die Preise gelten für ein Abendessen mit Suppe oder Vorspeise, Hauptgericht und Dessert.

Wichtige Abkürzungen

Av.	Avenue	**Mt.**	Mount
Bd.	Boulevard	**Rd.**	Road
Hwy.	Highway	**St.**	Street

MARCO POLO TIPPS FÜR ANCHORAGE

1 **Anchorage Museum of History and Art**
Die Geschichte Alaskas von den Mammutjägern bis zur Ölpipeline (Seite 31)

2 **Lake Hood**
Der Flughafen der Buschpiloten: perfekt für eine Tour mit dem Wasserflugzeug (Seite 31)

3 **Oomingmak Co-op**
Hier gibt es echt alaskanische Mitbringsel: Strickwaren aus der Wolle von Moschusochsen (Seite 33)

4 **Portage Glacier**
Eisberge und Gletschergipfel ergeben ein Alaska wie aus dem Bilderbuch (Seite 35)

Berg Nordamerikas, dem 6194 m hohen Mt. McKinley, zu sehen.

Die wilde Natur ist nie weit in Anchorage, mit etwas Glück können Sie die Tierwelt Alaskas sogar schon in der Stadt erleben: Im Ship Creek, nur ein paar Straßen vom Zentrum entfernt, schwimmen im Sommer die Lachse aus dem Cook Inlet flussaufwärts, Weißkopfseeadler kreisen über dem Flüsschen, und in den grünen Vororten passiert es öfter, dass frühmorgens ein Elch im Garten steht oder ein Bär über die Straße läuft. Die Tiere haben sich noch nicht daran gewöhnt, dass dies nun das Reich der Menschen sein soll. Kein Wunder, denn Anchorage ist keine 90 Jahre alt. Die Stadt entstand erst 1915 als Arbeitercamp für den Bau der Alaska Railroad von Seward nach Fairbanks. Innerhalb weniger Monate wurde am Nordende des Cook Inlet eine Zeltstadt mit knapp 2000 Einwohnern gebaut. Das weitere Wachstum erfolgte in heftigen Schüben, wie es sich für die Boomtown des Nordens gehört: während des Zweiten Weltkriegs durch die Errichtung großer Mi-

litärstützpunkte, später durch die Ausbeutung der Ölvorkommen im Cook Inlet und schließlich auch an der Prudhoe Bay. Anchorage wurde zum Versorgungszentrum des Staates und zum Sitz der großen Ölfirmen.

Ältere Gebäude gibt es heute kaum in Anchorage. Grund dafür ist das große Karfreitagserdbeben von 1964, das mit einer Stärke von 8,6 auf der Richterskala die Stadt fast völlig zerstörte. Seither wurde sie modern und amerikanisch wieder aufgebaut: mit Büroklötzen und Tankstellen, großen Einkaufszentren und Fastfoodlokalen. Alles nicht besonders aufregend, aber trotzdem kommt man als Alaska-Besucher um Anchorage nicht herum, denn es liegt im Schnittpunkt der wichtigen Highways, bietet die günstigsten Supermärkte und Ausrüstungsläden und ist das beste Sprungbrett in die Wildnis. Von hier starten die Jets der größeren Airlines zu den Orten und Naturparks im Hinterland, von hier aus steuern die Buschpiloten zu idyllischen Seen und Lodges in der Einsamkeit.

☛ Stadtplan in der hinteren Umschlagklappe

BESICHTIGUNGEN

Die kleine Innenstadt um die beiden Hauptgeschäftsstraßen 4th Av. und 5th Av. ist gut zu Fuß zu erkunden, und auch die Orientierung fällt nicht schwer: Von Nord nach Süd sind die Straßen nummeriert, von Ost nach West mit Buchstaben bezeichnet. Bester Ausgangspunkt für einen Bummel ist die Ecke 4th Av./F St., an der in einer kleinen Blockhütte das Informationszentrum der Stadt untergebracht ist. Ringsum reihen sich kleine Shoppingmalls wie das hübsch renovierte 4th Avenue Theatre, zahllose Souvenir- und Pelzläden und öffentliche Gebäude wie das postmoderne Performing Arts Center an der 5th Av. Falls Sie ohne Fahrzeug unterwegs sind: An der Ecke 6th Av./G St. liegt der Busbahnhof, von dem aus die Stadtbusse des People Mover in die übrigen Stadtteile verkehren.

Alaska Experience Theatre
Vorführung eines 40-minütigen Alaska-Films auf einer gigantischen gewölbten Leinwand. Auch gut als Rückblick zum Schluss der Reise. *705 W 6th Av., tgl. 12–18, im Sommer 9–21 Uhr, Eintritt $ 7*

Lake Hood
★ Eine Sehenswürdigkeit der anderen Art: Der verzweigte See neben dem International Airport ist der größte Wasserflughafen der Welt. An Sommertagen starten und landen hier rund 800 Flugzeuge. Kaum zu fassen, was hier alles schwimmt und rollt! Vorsicht: Flugzeuge haben Vorfahrt!
   Am Südufer des Sees reihen sich die Büros der Buschflieger und der Airtaxi-Gesellschaften, die Rundflüge über die Chugach Mountains anbieten. Die Kosten liegen zwischen ca. $ 100 und $ 250 für ein bis drei Stunden Flug mit dem Wasserflugzeug (z.B. bei *Ketchum Air Service, Tel. 243-55 25, oder Alaska Air Taxi, Tel. 243-39 44).*

Resolution Park
Von der Holzplattform unter dem Denkmal von Captain Cook bietet sich ein herrlicher ⚜ Blick über die Bucht, die der Engländer 1778 entdeckte. Im Sommer und Herbst werden hier öfter Wale gesichtet. *Am Westende der 3rd Av.*

MUSEEN

Alaska Aviation Heritage Museum
Alte Fotos und Filme dokumentieren die Geschichte der Fliegerei in Alaska. In großen Hangars am Südufer des Lake Hood sind rund 30 restaurierte Buschflugzeuge zu bewundern. *4721 Aircraft Drive, im Sommer tgl. 9–18 Uhr, Eintritt $ 6*

Alaska Native Heritage Center
Ein Museumsdorf, das die fünf Kulturkreise der Eskimos, Indianer und Aleuten in Alaska dokumentiert und von den Ureinwohnern selbst geleitet wird. Filme, Tanzvorführungen. *8800 Heritage Center Drive, im Sommer tgl. 9–21 Uhr, Eintritt $ 20*

Anchorage Museum of History and Art
★ Die großen Ausstellungen im Obergeschoss geben einen guten Überblick über die Geschichte Alaskas und die Kulturen der Ureinwohner. Die Völkerwanderung über die Beringstraße wird ebenso erläutert wie die moderne

Ölexploration. Im Erdgeschoss ist Kunst aus und über Alaska zu sehen. Guter Museumsladen. *121 W 7th Av., im Sommer So-Fr 9–21 Uhr, Sa 9-18 Uhr, im Winter Mo geschl., Eintritt $ 5*

RESTAURANTS

Fancy Moose/Regal Alaskan

Ideal bei sonnigem Wetter: Man sitzt auf der Terrasse, sieht den Wasserflugzeugen zu, trinkt Bier und isst frischen Heilbutt. *Im Regal Alaskan Hotel, 4800 Spenard Rd., Tel. 243-23 00, Kategorie 3*

Gwennie's

Rustikales Lokal mit Pionierflair und kaum zu bewältigenden Portionen. Zum Frühstück gibt's Rentieromelette und deftige Pancakes. *4333 Spenard Rd., Tel. 243-20 90, Kategorie 2–3*

Humpy's Great Alaskan Ale House

Bier und junge Leute, dazu kleine Gerichte wie Fisch, Pasta oder Salate. Beliebt zum Lunch oder als Treff für den Abend, wenn Bands spielen. *610 W 6th Av., Tel. 276-23 37, Kategorie 3*

Sacks Café

Beliebtes Szenecafé mit asiatisch-italienischen Kreationen auf der Speisekarte. *328 G St., Tel. 276-35 46, Kategorie 1–2*

Simon & Seaforts

Frischer Lachs und Steaks mit schönem Blick über den Cook Inlet. *420 L St., Tel. 274-35 02, Kategorie 2*

EINKAUFEN

Souvenirs bekommen Sie in den Läden entlang der 4th Av. Ausrüstung und Lebensmittel für die Tour durch Alaska kaufen Sie am besten in den großen Einkaufszentren entlang des Northern Lights Bd. Dort liegen um die Kreuzung mit der Spenard Rd. auch mehrere Sportartikelläden, in denen Sie eine große Auswahl an Stiefeln, Schlafsäcken und Zelten finden.

Dimond Mall

Riesiges Einkaufszentrum mit 140 Läden und Kaufhäusern am Südrand der Stadt. *Old Seward Hwy./Dimond Bd.*

Erst Cheechako, dann Sourdough

Wer frisch in Alaska ankommt, ist nach altem Goldgräberjargon ein *Cheechako*, ein grüner Neuling, der keine Ahnung hat vom Überleben in der Wildnis. Erst nach ein paar Jahren – und Wintern – im alaskanischen Busch wird man zum *Sourdough*. Auch dieser Spitzname, mit dem heute alle Alaskaner bezeichnet werden, kommt aus den Pioniertagen. Damals zogen die Trapper und Goldschürfer immer mit einem Batzen Sauerteig in der Tasche durchs Land, denn aus Sauerteig, Mehl und Wasser konnten sie sich Brot und Pfannkuchen backen – ihre Hauptnahrung. Man brauchte immer nur ein bisschen Sauerteig und konnte den alten mitgeführten Batzen mit Mehl wieder anreichern. Manche dieser Hefekulturen blieben angeblich über Jahre und sogar Generationen erhalten – die hohe Kunst der Sourdoughs.

Gary King
Großer Ausrüstungsladen für Angler, Jäger und Camper. *202 E Northern Lights Bd., Tel. 279-74 54*

Oomingmak Co-op
★ Ein Geschenk aus der Arktis gefällig? Hier gibt es Pullover und Schals aus der Wolle von Moschusochsen. *604 H St., Tel. 272-92 25*

R. E. I. Inc.
Großer Sportwarenladen für Hiker, Kajak- und Kanufahrer. Sehr gute Schlafsäcke. *1200 W Northern Lights Bd., Tel. 272-45 65*

6th Avenue Outfitters
Wildnisausrüstung vom Zelt bis zu Thermostiefeln. *520 W 6th Av., Tel. 276-02 33*

ÜBERNACHTUNG

Anchorage Hotel
Elegantes Hotel mit historischem Ambiente und überaus angenehmem Flair. In bester Lage der Innenstadt. *26 Zi., 330 E St., Tel. 272-45 53, Fax 277-44 83, Kategorie 1*

Chelsea Inn
Einfaches, sauberes Hotel, das auf halbem Weg zwischen Innenstadt und Flughafen liegt. *45 Zi., 3836 Spenard Rd., Tel. 276-50 02, Fax 277-76 42, Kategorie 2*

Days Inn
Solide Mittelklasse am Südrand der Innenstadt. *130 Zi., 321 E 5th Av., Tel. 276-72 26, Fax 278-60 41, Kategorie 1–2*

Hilton Anchorage
Großes Luxushotel im Zentrum. *591 Zi., 500 W 3rd Av., Tel. 272-74 11, Fax 265-71 40, Kategorie 1*

Hostelling Int'l. Anchorage
★ Komfortable Jugendherberge in der Innenstadt. Infobörse für Rucksacktraveller und Auskunft über alle Hostels in Alaska. *95 Betten, 700 H St., Tel. 276-36 35, Fax 276-77 72, Kategorie 3*

Stay with a Friend/ Alaska Private Lodgings
Verlässliche Agentur für B & B-Unterkünfte in allen Stadtteilen und Preislagen. *704 W 2nd Av., Anchorage, AK 99501, Tel. 258-17 17, Fax 258-66 13, www.alaska bandb.com*

TOUREN

Alaskan Bicycle Adventures
Geführte einwöchige Radtouren in Alaska und im Yukon. Unterkunft in Hotels. *2734 Iliamna Av., Anchorage, AK 99517, Tel. 243-23 29, Fax 243-49 85*

Angeln
Einige der besten Lachsflüsse liegen gleich nördlich von Anchorage: Susitna River, Deshka River und Alexander Creek. Von den Airtaxi-Unternehmen am Lake Hood können Sie sich in eine der Angellodges dieser Region bringen oder auch nur für einen Tag zum Angeln fliegen lassen. *Buchung z. B. bei Ketchum Air Service, Tel. 243-55 25, oder Rust's Flying Service, Tel. 243-15 95*

Euro-Alaska Tours
Ein- bis zweiwöchige Erlebnisreisen in Kleingruppen und Organisation individueller Touren. Die deutsche Besitzerin, eine Pilotin, kennt Süd- und Zentralalaska wie ihre Westentasche. *P.O. Box 220004, Anchorage, AK 99522, Tel. 346-1919, Fax 346-2617*

Nova

Rafttrips auf Wildwasserflüssen im weiteren Umland. Auch Kanutouren im Prince William Sound. *P.O. Box 1129, Chickaloon, AK 99674, Tel. 745-57 53, Fax 745-57 54, www.novalaska.com*

Zahlreiche Bars und Nachtclubs drängen sich in der Innenstadt und vor allem entlang der Spenard Rd. Wer das pralle Pioniernachtvergnügen will, geht zur ✪ *Great Alaskan Bush Company (631 E International Airport Rd.)*, um beim Bier strippenden Mädchen zuzuschauen. Weniger raubeinig geht es bei 🕺 *Chilkoot Charlie's (2435 Spenard Rd.)* zu, einem Saloon mit zwei Tanzflächen.

Anchorage Convention & Visitors Bureau

Infokiosk an der Ecke W 4th Av./F St. Postadresse: 524 W 4th Av., Anchorage, AK 99501, Tel. 907/274-35 31, Fax 278-55 59, www.anchorage.net

Alaska Public Lands Information Center (APLC)

Gutes Infomaterial und individuelle Beratung für alle Naturparks in Alaska. Buchung von Campingplätzen und Wildnishütten in den National Forests. *605 W 4th Av., Anchorage, AK 99501, Tel. 907/271-27 37, Fax 271-27 44*

Alyeska Resort/ Girdwood (110/B 5)

Das breite Tal in den Chugach Mountains, etwa 60 km südöstlich von Anchorage (am Hwy. 1), ist das einzige voll erschlossene (und sogar recht gute) Skigebiet Alaskas – komplett mit Nobelresort und Ferienwohnungen. 1992 hatte man sich hier sogar für die Winterolympiade beworben. Mit der Gondelbahn kann man im Sommer auf den 1201 m hohen *Mt. Alyeska* fahren, oben mit herrlichem ⚜ Blick über Bucht und Berge spazieren gehen oder im Aussichtsrestaurant speisen. Unten im Tal lohnt sich ein Abstecher zur *Crow Creek Mine*, einem fotogenen Goldgräbercamp aus dem Jahr 1898. Ein Nugget wird man hier beim Goldwaschen zwar nicht in seiner Pfanne finden, aber Spaß macht's trotzdem. Hinter der alten Mine beginnt ein halbtägiger Wander-Trail zum Raven-Gletscher.

Chugach State Park (110/B–C 4–5)

Dieses rund 200 000 ha große Naturschutzgebiet in der Gletscherwelt der Chugach Mountains liegt sozusagen vor der Haustür von Anchorage. Bester Zugang ist bei *Eagle River* (etwa 20 km von Anchorage über den Glenn Hwy. und die Eagle River Rd.). Am Ende der Straße liegt das Eagle River Visitor Center (Ausstellungen, Lehrpfade), von dem aus Ranger geführte Wanderungen anbieten. Es ist außerdem Ausgangspunkt eines 40 km langen *Wanderpfads* auf dem alten Iditarod Trail über die Berge nach Girdwood – eine schöne zweitägige Hikingtour.

Eklutna Village (110/B 4)

Im kleinen Dorf der Tanaina-Indianer rund 40 km nordöstlich von Anchorage zeugt eine originalgetreu rekonstruierte Mis-

Im Indianerdorf Eklutna Village: Häuschen für die Seelen der Toten

sionskirche von der russischen Missionszeit vor 150 Jahren. Sehenswert sind besonders die bunten Geisterhäuschen, in denen die Seelen der Toten wohnen sollen. *Im Sommer tgl. Führungen 8–18 Uhr, Eintritt $ 5*

Portage Glacier (110/B 5)

★ So muss Alaska sein: glitzernde Eisberge im Vordergrund, blaues Wasser und grüne Berge dahinter. Der *Portage Lake* am Ostende des Turnagain Arm ist Alaskas schönstes Ausflugsziel. Jedes Frühjahr brechen vom Portage Glacier, der in den letzten Jahren stark abgeschmolzen ist, große Eisberge ab und treiben in dem kleinen See. Am Westufer wird stündlich im *Begich-Boggs Visitor Center (im Sommer tgl. 9–18, im Winter 10–16 Uhr)* der hervorragende Film »Voices from the Ice« gezeigt. Die Ranger bieten *naturkundliche Wanderungen* an, darunter auch eine »Eiswurm-Safari«. Ein gut ausgebauter, 2 km langer *Spazierweg* führt vom Parkplatz zum Byron-Gletscher. Bei einer einstündigen Bootsfahrt können Sie dem weit größeren *Portage-Gletscher* näherkommen *(tgl. 10.30 bis 16.30 Uhr, Bootstour $ 25). Rund*

90 km östlich von Anchorage auf dem Seward Hwy.

Turnagain Arm (110/B 5)

Der 70 km lange Fjord südlich von Anchorage trennt die Kenai-Halbinsel vom Festland. Eine Fahrt auf dem *Seward Highway* (Hwy. 1), der dem Nordufer des Fjords folgt, bietet ◥◤ herrliche Aussichten über die Berge und die großen Wattlandschaften in diesem Seitenarm des Cook Inlet. Gleich am Stadtausgang von Anchorage passiert man den *Potter Marsh,* ein Vogelschutzgebiet mit vielen Wasservögeln (Lehrpfade). Von den dann folgenden ◥◤ Aussichtspunkten kann man wie etwa am *Beluga-Point* rund 30 km südlich von Anchorage ab und zu Belugawale sehen, und auf den Klippen klettern oft Bergschafe herum. Der Tidenhub in der Bucht beträgt hier bis zu 10 m – einer der höchsten der Welt. Zweimal am Tag, jeweils etwa 2 ½ Stunden nach dem tiefsten Stand der Ebbe, entstehen Flutwellen, die bis zu 2 m hoch sein können. Vorsicht also: Spaziergänge auf den Sandbänken im Turnagain Arm sind lebensgefährlich!

Postkartenblicke am laufenden Band

Der Süden ist die am besten erschlossene Region Alaskas – und die spektakulärste

Schneebedeckte Berge und Gletscher, einsame Seen und Wälder, Bären, Adler und Elche – der Süden bietet alles, was man von Alaska erwartet und erträumt hat. Keine andere Region des riesigen Landes vereint die landschaftliche Vielfalt und die Tierwelt Alaskas so eindrucksvoll – und dies auf überschaubarem Raum und gut zugänglich. Hinzu kommt, dass auch das Klima recht menschenfreundlich ist, vom nahen Meer gemildert und mit vielen sonnigen Tagen im Sommer.

Gleich südlich von Anchorage beginnt jenseits des Turnagain Arm die Kenai Peninsula, eine gebirgige, gut 200 km lange Halbinsel mit tief eingeschnittenen Fjorden entlang der Südküste, herrlichen Seen im Binnenland und zahllosen Lachsbächen. 80 Prozent der Halbinsel stehen heute unter Naturschutz, doch man findet auch kleine Fischerhäfen, die oft noch auf die russische Zeit zurückgehen.

Östlich der Halbinsel liegt die Fjord- und Inselwelt des berühmten Prince William Sound, in den die Gletscher der Chugach Mountains münden. Die Winterstürme des Pazifiks sorgen für kräftigen Schneenachschub, sodass diese Bergkette die am stärksten vergletscherte Region Alaskas ist. Regelmäßig werden am Thompson Pass bei Valdez die Schneerekorde Alaskas aufgestellt: Bis zu 30 m wurden schon gemessen, und allein an einem Tag im Dezember 1955 fielen 1,6 m Neuschnee – absolute Spitze!

Südalaska ist heute die am besten erschlossene Region. Zwei geteerte Highways führen über die Kenai-Halbinsel, einer quer durch das Binnenland und ein weiterer nach Valdez an der Südküste. Das war's auch schon – und ist für Alaska trotzdem viel. Die Region eignet sich also gut für eine Camping- oder Autoreise. Wenn Sie die Fähre zwischen Valdez und Whittier rechtzeitig buchen, können Sie sogar eine Rundfahrt unternehmen. Die kleinen Orte am Wegesrand und die zahlreichen, oft herrlich gelegenen Campingplätze bieten dafür eine hervorragende Infrastruktur. Und Möglichkeiten, in die Wildnis auszubrechen, gibt es

Die Kennecott Mine bei McCarthy

Alles für Angler und Wanderer: Ausrüstungsladen in Homer

viele: eine Kanutour am Swanson River etwa oder einen Ausflug in die erhabene Bergwelt des Wrangell-St. Elias National Park, des größten Naturschutzgebiets in Amerika.

GLENNALLEN

(111/D3) Das lang gezogene Straßendorf (500 Ew.) ist mit seinen Supermärkten und Motels der wichtigste Versorgungsort im Südosten Alaskas. Von hier führt der Glenn Hwy. parallel zu den Schneegipfeln der Chugach Mountains nach Anchorage, der Richardson Hwy. folgt dem breiten Copper River und der Alyeska Pipeline in die Berge nach Süden und klettert nach Norden hin zum Isabel Pass in die Alaska Range.

ZIELE IN DER UMGEBUNG

Copper Center **(111/D4)**
Viel stimmungsvoller als das moderne Glennallen ist dieser alte Pionierort an einer Seitenstraße des Richardson Hwy. Die histo-

rische *Copper Center Lodge* serviert deftige *pancakes* zum Frühstück und dicke Steaks am Abend – alles wie früher.

Lake Louise **(111/D3)**
Der große See in der Wildnis nordöstlich von Glennallen lohnt im Sommer für einen Ruhetag – zum Baden, zum Campen am Seeufer und zu einem Drink in der urigen Bar der ✸ Lake Louise Lodge.

HOMER

(110/A6) Bei schönem Wetter ist Homer (4200 Ew.) schlichtweg atemberaubend: Hohe schneebedeckte Gipfel und Gletscher umrahmen das schimmernde Wasser der Kachemak Bay, an deren Nordufer das Städtchen liegt. Die fischreiche Bucht ist der Grund für den jüngsten Aufschwung Homers: Es ist ein Dorado der Heilbuttangler, die vom weit in die Bucht hinausreichenden *Homer Spit,* einer gut 8 km langen Sandbank, aus mit den Charterbooten auf Fang gehen. Auf dem

Spit spielt sich das meiste Leben ab. Aber auch am Festland lohnt sich ein Bummel an der *Pioneer Av.* mit ihren Restaurants und Galerien, denn angelockt durch die herrliche Lage hat sich in Homer eine Künstlerkolonie etabliert. Die schönsten ⚜ Ausblicke über die weite Bucht haben Sie vom Skyline Drive und der East End Rd.

MUSEUM

Pratt Museum
Pioniergeschichte, Schiffsmodelle, Aquarien, Ausstellungen über die Tierwelt – rundweg alles über die Region. *3779 Bartlett St., im Sommer So–Mi 10–18, Do–Sa 10–20 Uhr, Eintritt $ 5*

RESTAURANTS

Cafe Cups
🏃 Beliebtes, alternativ angehauchtes Szenelokal mit guter

Küche. *162 W Pioneer Av., Tel. 235-83 30, Kategorie 2–3*

The Saltry
Ausgezeichnetes Fischrestaurant im ⚜ winzigen, idyllisch gelegenen Dorf Halibut Cove auf der Südseite der Kachemak Bay. *Reservierung unter Tel. 235-78 47, Kategorie 2*

EINKAUFEN

Ptarmigan Arts
Verkaufsgalerie einer Künstlerkooperative von 50 Mitgliedern: Bilder, Schmuck, Holzskulpturen, Seidenmalerei. *471 E Pioneer Av.*

ÜBERNACHTUNG

Bay View Inn
Freundliches Motel auf einer ⚜ hohen Klippe über der Bucht. *14 Zi., Meile 170, Sterling Hwy., Tel. 235-84 85, Fax 235-87 16, Kategorie 2*

MARCO POLO TIPPS FÜR SÜDALASKA UND DIE KENAI-HALBINSEL

1 Kachemak Bay Lodge
Perfektes Wildnisidyll in einem einsamen Fjord an der Kachemak Bay (Seite 40)

2 Kanufahren
Paddelrouten zu den Elchen: auch für Einsteiger (Seite 41)

3 McCarthy
Spektakuläre Landschaften und eine Fast-Geisterstadt im größten National Park Amerikas (Seite 47)

4 Prince William Sound
Gletscher, Fjorde und als Krönung wildromantische Panoramen (Seite 45 und 46)

5 Salty Dawg Saloon
Mindestens ein Bier wert: die urigste Fischerkneipe der Region (Seite 40)

6 Seldovia
Bootsausflug zu Vogelkolonien und einem alten Fischerort aus russischer Zeit (Seite 40)

Heritage Hotel
Gute Mittelklasse. Blockhausstil. *36 Zi., 147 E Pioneer Av., Tel. 235-77 87, Fax 235-28 04, Kategorie 2*

Kachemak Bay Lodge
★ Klassische Wildnislodge zum Naturerleben auf der Südseite der Kachemak Bay. *6 Zi., P. O. Box 956, Homer, AK 99603, Tel. 235-89 10, Fax 235-89 11, inkl. Vollpension Kategorie 1*

Tutka Bay Lodge
Gut geführte Wildnislodge mit sehr engagierten Besitzern. Ideal für den gepflegten Wildnisurlaub. *4 Hütten, P.O. Box 960, Homer, AK 99603, Tel. 235-39 05, Fax 235-39 09, www.tutkabaylodge. com, inkl. Vollpension Kategorie 1*

TOUREN

Central Charters
Heilbutt-Charters und Exkursionen in die Kachemak Bay. *Am Homer Spit, Tel. 235-78 47*

Inlet Charters
Angeltouren, Tierbeobachtung und geführte Kajakfahrten. *Am Homer Spit, Tel. 235-6126*

AM ABEND

Salty Dawg Saloon
★ Die berühmteste und urigste Kneipe der Kenai-Halbinsel: mit Sägemehl auf dem Boden und Rettungsringen an der Wand. *Am Homer Spit*

AUSKUNFT

Homer Chamber of Commerce
Infozentrum am Sterling Hwy., P. O. Box 541, Homer, AK 99603, Tel. 235-77 40, Fax 235-87 66

ZIEL IN DER UMGEBUNG

Seldovia   (110 / A 6)
★ Das weltabgeschiedene, malerische Fischerdorf auf der Südseite der Kachemak Bay, das bereits 1795 von den Russen gegründet wurde, lohnt einen Tagesausflug. Oder Sie bleiben über Nacht im Boardwalk Hotel *(14 Zi., Tel. 234-78 16, Kategorie 2).* Touren und Fährservice mit der »Danny J« (*Tel. 235-78 47).*

HOPE

(**111 / B 5**) Einen etwas verwegenen Eindruck macht das historische Goldgräberstädtchen an der Südküste des Turnagain Arm auch heute noch. Die Einwohnerzahl der Fast-Geisterstadt ist von 15 wieder auf rund 250 gestiegen, doch Wildwestfassaden und verfallene Häuser gibt es nostalgische Fotos gibt es noch immer.

TOUREN

Resurrection Pass Trail
Dieser bekannteste und schönste Wandertrail des Chugach National Forest beginnt in Hope. Er zieht sich 61 km nach Süden bis Cooper Landing am Kenai River – vorbei an fischreichen Seen und Wasserfällen. *Info und Reservierung von Hütten im Alaska Public Lands Information Center in Anchorage*

KENAI / SOLDOTNA

(**110 / A–B 5**) Die moderne, weitläufige Doppelstadt (11 000 Ew.) an der Mündung des Kenai River in den ölreichen Cook Inlet ist heute Ziel von Lachsanglern. Daran, dass Kenai schon 1791 von russischen Pelzhändlern gegründet wurde, erinnert nur noch die von Zwiebeltürmen gekrönte *Holy Assumption Church (Führungen)* auf hoher Klippe über der Flussmündung. Vom nahen  *Beluga Lookout* blickt man weit über den Cook Inlet zu den Vulkanen am Beginn der Aleutenkette.

ÜBERNACHTUNG

Longmere Lake B & B
Großes Blockhaus, schön gelegen an einem See. *6 Zi., P.O. Box 1707, Soldotna, AK 99669, Tel. 262-97 99, Fax 262-59 37, Kategorie 2*

Posey's Kenai River Hideaway
Gemütliche B & B-Lodge für Lachsangler direkt am Kenai River. *5 Zi., P.O. Box 4094, Soldotna, AK 99669, Tel. und Fax 262-74 30, Kategorie 1–2*

TOUREN

Alaska Wildland Adventures
Dieser Veranstalter bietet Rafttouren auf dem Kenai River und Wildnistouren auch in anderen Regionen Alaskas. *Meile 50,1, Cooper Landing, Postadresse: P.O. Box 389, Girdwood, AK 99587, Tel. 783-29 28, Fax 783-21 30, www.alaskawildland.com*

Angeln
Rund 40 000 Königslachse – viele rekordverdächtig groß – werden alljährlich von den Sportanglern aus dem legendären Kenai River gezogen. Besonders beliebt ist der Flussabschnitt bei Cooper Landing und um die Mündung des Russian River in den Kenai. Die zahlreichen *Tackle Shops* (Angelläden) und Angellodges um Soldotna verkaufen Lizenzen und vermitteln Guides.

Kanutouren
Die große Seenplatte im Kenai National Wildlife Refuge nördlich des Sterling Hwy. bietet zwei ★ *Wildnis-Kanurouten*, die auch für Anfänger gut geeignet sind: die Swan Lake Route (90 km) und den Swanson River Trail (140 km). Mehrere Kanu- und Ausrüstungsvermieter finden Sie in Soldotna.

Urwelt aus Fels und Eis: der Kenai Fjords National Park

Kenai Visitors Center
Infozentrum mit Museum. *11471 Kenai Spur Hwy., Kenai, AK 99611, Tel. 283-19 91, Fax 283-22 30*

Kenai National Wildlife Refuge Center
Das großes Infobüro präsentiert naturkundliche Ausstellungen und Videos. Und Sie erhalten natürlich Auskunft über Kanu- und Wandertouren. *Soldotna, Ski Hill Rd., Tel. 262-70 21, Fax 262-35 99*

PALMER

(110 / B 4) Der 4300-Seelen-Ort nordöstlich von Anchorage ist das Zentrum des fruchtbaren Matanuska-Tals, der wichtigsten Farmregion Alaskas. In zahlreichen Gärtnereien können Sie das »Supergemüse« der Region bewundern: Dank der langen Sonnenstunden im Sommer werden z. B. die Kohlköpfe bis zu 30 kg schwer. Noch ein Tipp: Wenn zur Hochsaison das nahe Anchorage hoffnungslos überfüllt ist, kann man in den Motels und auf den Campingplätzen in Palmer oft noch Platz finden.

Iditarod Trail Committee
Ausstellungen über das legendäre Schlittenhunderennen. *Meile 2,2, Knik Rd., im Sommer tgl. 8–17 Uhr, Eintritt frei*

Hatcher Pass Road   (110 / B 4)
Die 80 km lange kurvige Schotterstraße von Palmer nach Willow am Parks Hwy. belohnt die Rütteltour mit fabelhaften ⚐ Ausblicken über die Chugach Mountains und stimmungsvollen Bergwerksruinen wie etwa der *Independence Mine.*

Matanuska Glacier   (110 / C 4)
In einer tief eingegrabenen Schlucht folgt der ⚐ Glenn Hwy. dem Matanuska River rund 100 km bis zu seinem Ursprung, dem in herrlichem Schneeweiß strahlenden Matanuska Glacier. Auf einer Privatstraße des Glacier Park Resort können Sie bis ans Eis vordringen.

SEWARD

(110 / B 5) Die einzige Hafenstadt an der Südküste der Kenai-Halbinsel ist typisch für Südalaska: Sie ist von grünen Bergen umrahmt und liegt direkt an einer fischreichen Bucht. Heute leben hier rund 3000 Menschen – vom Lachs- und Heilbuttfang, vom Güterverkehr des Hafens und der Eisenbahn und vom Tourismus, der seit der Gründung des nahen Kenai Fjords National Park 1980 aufblühte.

Die Resurrection Bay, an deren Ende sich der Ort an den Berghang schmiegt, entdeckten schon vor 200 Jahren die Russen, doch der große, ganzjährig eisfreie Naturhafen wurde erst genutzt, nachdem 1903 von hier aus die Alaska Railroad ins Landesinnere gebaut worden war. Aus der Bahnstation entstand die Stadt, die man ganz patriotisch nach William Seward benannte, dem amerikanischen Außenminister, der Alaska 1867 von den Russen gekauft hatte. Heutzutage wird hier vor allem Kohle nach Korea verladen.

BESICHTIGUNGEN

Am meisten Trubel herrscht um den *Small Boat Harbor,* aber auch die kleine Innenstadt um die 4th Av., die noch etwas Pionierflair verströmt, lohnt einen Bummel: An der *Ecke Jefferson Av./3rd Av.* zeigt die *Resurrection Bay Historical Society* kleine Ausstellungen zur Stadtgeschichte und über den Iditarod Trail. Einige Schritte weiter können Sie in der *St. Peter's Episcopal Church (2nd Av./ Adams St.)* ein Wandgemälde bewundern, das die Auferstehung Christi in die Bucht von Seward verlegt.

MUSEUM

Alaska SeaLife Center
Großes, modernes Ausstellungszentrum und Aquarium, das die Unterwasserwelt der Fjorde präsentiert. *301 Railway Av., im Sommer tgl. 8–20 Uhr, Eintritt $ 12,50*

RESTAURANTS

Apollo
Italienisch-griechische Küche und natürlich frischer Fisch. *4th Av., Tel. 224-30 92, Kategorie 2–3*

Ray's
Gutes Fischrestaurant mit Hafenblick und Trophäenfischen an den Wänden. *Am Small Boat Harbor, Tel. 224-56 06, Kategorie 2*

ÜBERNACHTUNG

Box Canyon Cabins
Vier modern möblierte Blockhütten, etwas außerhalb des Ortes im Wald gelegen. *Am Anfang der Exit Glacier Rd., Tel. 224-50 46, Fax 224-76 51, Kategorie 2*

Harborview Inn
Das komfortable, moderne Motel liegt nicht weit vom Hafen. *13 Zi., 804 Third Av., Tel. 224-32 17, Fax 224-32 18, Kategorie 2*

TOUREN

Kayak Adventures
Ein- und mehrtägige Kajaktouren in der Bucht vor Seward und im Kenai Fjords National Park. *414 K St., Anchorage, Tel. 258-38 60, www.alaskan.com/kayak*

Wandern
An der Jefferson St. beginnt der 5 km lange Trail zum *Mt. Marathon,* auf dem alljährlich am 4. Juli ein in ganz Alaska berühmtes Rennen ausgetragen wird. Ein anderer, 7 km langer Pfad führt an der Küste nach Süden zum *Caines Head,* wo sich ein herrlicher Blick über die Fjorde und Inseln bietet. Für längere Touren zu empfehlen sind der *Lost Lake Trail* und der *Primrose Trail* durch die Seenlandschaft nördlich von Seward und der 34 km lange *Johnson Pass Trail. Infos und Karten für Wanderungen in der ganzen Region erhalten Sie beim Forest Service, 334 4th Av., Tel. 224-33 74*

AUSKUNFT

Seward Visitors Bureau
Infobüro am Seward Hwy. *P.O. Box 749, Seward, AK 99664, Tel. 224-80 51, Fax 224-53 53*

ZIELE IN DER UMGEBUNG

Kenai Fjords National Park **(110/B 5–6)**
Der 2790 qkm große Park bewahrt eine von Gletschern ge-

schaffene Fjordlandschaft im Südosten der Kenai-Halbinsel, die bekannt ist für ihren Reichtum an Meeressäugetieren wie Walen, Ottern und Seelöwen. Im Binnenland umschließt er zudem das 1850 qkm große *Harding Icefield,* aus dem zahlreiche Gletscher hinab ins Meer strömen. Das *Visitor Center* des Parks (Dia- und Videovorführungen) liegt am Small Boat Harbor in Seward. Hier beginnen auch die halb- und ganztägigen *Sightseeingfahrten zu den Gletscherbuchten.* Buchung z. B. bei *Kenai Fjords Tours (Tel. 224-80 68)* oder *Mariah Tours (Tel. 224-86 23).* Der vom Harding Icefield gespeiste *Exit Glacier* ist per Auto vom Seward Hwy. aus zu erreichen: Am Ende der Exit Glacier Road beginnt beim Visitor Center ein kurzer Wanderweg, der an die Eiskante führt.

Seward Highway (110/B 5)

Quer durch die Berge der Kenai-Halbinsel verbindet dieser Highway Seward mit dem 200 km entfernten Anchorage. Vor allem im Südteil der Strecke, um die Seen *Trail Lake* und *Kenai Lake,* finden Sie herrliche 🌸 Aussichtspunkte, kleine Lodges und Campingplätze.

VALDEZ

(111/D 4) Die »Schweiz Alaskas« nennt sich Valdez (4000 Ew.) gerne, und der Vergleich ist nicht so abwegig. Zwar liegt das Städtchen am Meer und ist das Tor zum Prince William Sound, aber die Berge und Gletscher ringsum lassen keine Alpinträume unerfüllt. Gegründet wurde Valdez Ende des 19. Jhs. als Hafen, von dem aus die Goldgräber ins Lan-

Bitte nicht drängeln: Seelöwen im Prince William Sound

desinnere aufbrachen. Vom alten Valdez ist allerdings nichts mehr übrig – eine Flutwelle des Erdbebens von 1964 zerstörte es völlig.

Das Leben spielt sich vor allem um den *Small Boat Harbor* ab: Restaurants und Shops säumen den North Harbor Drive, davor legen die Sightseeingboote ab. Gegenüber, auf der Ostseite des Valdez Fjord, kann man die großen Tanks des Ölterminals sehen, den *Endpunkt der Alyeska Pipeline (Anmeldungen zu Führungen Tel. 835-26 86)*. Das Öl hat Valdez allerdings auch traurige Berühmtheit beschert – durch den größten Ölunfall in der Geschichte Alaskas: 1989 rammte der Supertanker »Exxon Valdez« ein Riff am Hafeneingang zur Stadt. 42 Mio. l Öl strömten in den Golf von Alaska und verseuchten die Küsten bis nach Kodiak Island. Mittlerweile ist vom Öl zumindest oberflächlich nichts mehr zu sehen, und auch die Tierwelt scheint wieder intakt. Seeotter spielen in der Bucht, und am Ortseingang laichen im August sogar wieder Silberlachse in Massen.

MUSEUM

Valdez Museum
Klein, aber interessant: Pioniergeschichte, Ausstellungen über das Erdbeben von 1964 und über die Ölkatastrophe. *217 Egan Drive, im Sommer tgl. 9–18 Uhr, Eintritt $ 3*

RESTAURANT

Mike's Palace
Immer voll und immer gut: Pizza, Fisch und mexikanische Gerichte. *201 N Harbor Drive, Tel. 835-23 65, Kategorie 2*

ÜBERNACHTUNG

Downtown B & B Inn
Große Pension im Ortszentrum. *25 Zi., 113 Galena Drive, Tel. 835-27 91, Fax 835-54 06, Kategorie 2*

TOUREN

Anadyr Adventures
Kajakvermietung und geführte Touren in die Gletscherfjorde um Valdez. *Büro am Hafen: P.O. Box 1821, Valdez, AK 99686, Tel. und Fax 835-28 14, www.anadyradven tures.com*

AM ABEND

Valdez Club Bar
✪ Beliebter Treff der Fischer. Am Wochenende Livemusik. *205 N Harbor Drive*

AUSKUNFT

Valdez Visitors Bureau
200 Chenega St., Valdez, AK 99686, Tel. 835-29 84, Fax 835-48 45

ZIELE IN DER UMGEBUNG

Cordova (111/D 5)
Das hübsche, weltvergessene Fischernest am Ostende des Prince William Sound ist unter Naturfreunden vor allem als Ausgangspunkt für Touren ins 🌊 *Copper River Delta* bekannt. Im Frühjahr sind hier Millionen von Zugvögeln zu beobachten. Im Sommer nisten in den Marschlandschaften u.a. Trompeterschwäne.

Prince William Sound (110–111/C–D 4–5)
★ Wale und Robben, Eisberge, Inseln und spektakuläre Fjorde: Die fast 40 000 qkm große Mee-

resbucht am Fuß der Chugach Mountains zeigt Alaska von seiner schönsten Seite. Berühmteste Attraktion ist der rund 60 km lange *Columbia Glacier,* der in den letzten Jahren fast 10 km zurückgewichen ist. *Sightseeingtouren ab Valdez mit Stan Stephens Cruises, 100 Fidalgo Drive, Tel. 835-47 31*

Richardson Highway (110–111 / C–D 1–4)

Bereits 1910 wurde von Valdez die erste Wagenstraße Alaskas durch die Berge nach Fairbanks gebaut, der heutige ☀ Richardson Hwy. Von Valdez durchfährt man zuerst den von Wasserfällen gesäumten *Keystone Canyon,* dann klettert die Straße mit herrlichen Ausblicken über die *Chugach Mountains.* Am ☀ *Thompson Pass* (845 m) reicht die blendend weiße Eiszunge des *Worthington Glacier* bis fast an die Straße heran.

WHITTIER

(110 / C 5) Schön ist Whittier nicht, aber ungewöhnlich: Fast die gesamte Bevölkerung von knapp 300 Menschen lebt in ein paar riesigen Militärbauten aus dem Zweiten Weltkrieg, als das Hafenstädtchen ein wichtiger Armeestützpunkt war. Heute ist Whittier – mittlerweile »zivilisiert« – vor allem das westliche Tor in die Wunderwelt des ★ *Prince William Sound:* Im Hafen legen die Tourboote zu Tagesrundfahrten in den spektakulären *College Fjord* ab, Kajakfahrer brechen von hier zu Campingtouren in das Inselgewirr auf, und als Wanderer kann man auf dem *Portage Pass Trail* eine schöne Halbtagestour zu Gletschern über dem Ort unternehmen.

Per Auto ist die Siedlung übrigens erst seit Mai 2000 erreichbar: Von Portage aus fährt man – abwechselnd mit Bahn und Gegenverkehr – einspurig durch einen umgebauten Bahntunnel 4 km durch den Berg nach Whittier (Tunnelgebühr ca. $ 15). Von da verkehrt dreimal wöchentlich eine *Fähre* quer durch den Sund nach Valdez. Reservierung bei der Reederei *Alaska Marine Highway (P. O. Box 25535 Juneau, AK 99802, Tel. 907/465-3941, Fax 277-4829)* unbedingt nötig!

TOUREN

Phillips Cruises

Fünfstündige Sightseeingtouren mit einem großen Katamaran. Abfahrt im Hafen von Whittier. *Reservierung: 519 W 4th Av., Anchorage, Tel. 276-80 23*

Alaska Outdoor Adventures

Geführte Kajaktouren und Kajakvermietung. *Am Hafen in Whittier, Tel. 472-33 92, Fax 472-25 42, www.akadventures.com*

WRANGELL-ST. ELIAS NATIONAL PARK/ McCARTHY

(111 / D–F 3–6, 112 / A–B 5–6) Ein Nationaler Park, der größer ist als die Schweiz! Gut 50 000 qkm Wildnis mit Vulkanen und Eisfeldern wie dem *Bagley Icefield,* aus dem der 160 km lange *Bering Glacier* fließt. Schon vom ☀ *Richardson Hwy.* aus sind Gipfel wie der 4949 m hohe *Mt. Sanford* zu sehen. Im eisigen Herzen des Parks ragen Gipfel wie der *Mt. Saint Elias* sogar auf 5500 m auf. Zu-

Wie eisige Autobahnen: Gletscher im Wrangell-St. Elias National Park

sammen mit dem angrenzenden *Kluane National Park* Kanadas wurde dieses noch völlig unerschlossene, erst 1980 gegründete Schutzgebiet von der Unesco zum »Welterbe« erklärt.

Nur zwei Straßen führen in den Park: eine 70 km lange Schotterpiste bei Nabesna im Norden und die grandiose, 150 km lange ❀ *McCarthy Road,* die vom Richardson Hwy. zum malerisch verwitterten ★ Bergwerksort *McCarthy* führt. Am Ende der Straße, die demnächst ausgebaut werden soll, muss man den Wagen am Kennicott River stehen lassen und kann dann zu Fuß weiter in den Ort und zur 5 km entfernten *Kennecott Mine,* einem riesigen verlassenen Kupferbergwerk, vordringen.

ÜBERNACHTUNG

Kennicott Glacier Lodge
Der ❀ Blick von der Veranda auf den Kennicott Glacier ist unschlagbar. *25 Zi., Postadresse: P.O. Box 103940, Anchorage, AK 99510, Tel. 258-2350, Fax 248-79 75, Kategorie 1*

McCarthy Lodge
Historisches Hotel in McCarthy. Restaurant, Saloon, Backpacker Hostel. *12 Zi., P.O. Box MXY, Glennallen, AK 99588, Tel. 554-44 02, Fax 554-44 04, Kategorie 2*

TOUREN

Copper Oar
Alaska von seiner wildesten Seite: mehrtägige Schlauchbootfahrten auf dem Copper River. Mountainbikevermietung und Bergführer für Klettertouren. *Im alten Kraftwerk von McCarthy, P.O. Box MXY, McCarthy, Glennallen, AK 99588, Tel. und Fax 554-44 53, www.alaskan.com/copper.oar*

Wrangell Mountain Air
Rundflüge über die Gletscher. Transportservice für Wanderer. *McCarthy, Tel. 554-44 00*

AUSKUNFT

Wrangell-St. Elias National Park
Info Centers in Copper Center und Chitina. *Postadresse: P.O. Box 439, Copper Center, AK 99573, Tel. 822-52 34, Fax 822-72 16*

Der höchste Berg, der größte Fluss

Unendliche Weite regiert im Land zwischen dem Yukon River und den weißen Gipfeln der Alaska Range

Weithin dominiert der Mt. McKinley das Interior, das Binnenland Alaskas. Er ist der höchste Berg Alaskas – und auch der schönste. Als vereister Solitär ragt er an klaren Tagen wie eine überirdische Erscheinung aus den grünen Vorbergen der Alaska Range auf. 100, ja, mehr als 200 km weit ist er zu sehen. Denali, »der Hohe«, nannten ihn die Indianer – und es gibt Bestrebungen, den weißen Berg wieder so zu benennen, wie auch schon der zugehörige National Park von neuem heißt. Dass der Berg 1897 von einem Goldsucher nach William McKinley, dem damaligen Präsidentschaftsbewerber der USA, benannt wurde, war eher ein Zufall.

Das Interior umfasst im Wesentlichen die Alaska Range und das gewaltige, gut 500 km breite Tal des Yukon River mit seinen Nebenflüssen. 3185 km wälzt sich der größte Strom des Landes von seinen bescheidenen Anfängen in den Coast Mountains des kanadischen Yukon Territory quer durch den Norden des Kontinents zur Beringsee. Niedrige Hügelketten durchziehen das Tal, unendliche Birken- und Pappelwälder erglühen im Herbst im Orange und Gelb des Indian Summer.

Das Schönste am Interior aber ist das Wetter: Aufgrund des Schutzes, den die hohe Barriere der Alaska Range bedeutet, regnet es hier nur ganz selten, und im Sommer steigen die Temperaturen oft auf über 30 Grad. Ganz anders der Winter: Das Interior ist der kälteste Landstrich Alaskas. Im Januar und Februar, wenn die Nordlichter in spektakulären Formationen am Himmel geistern, bleibt das Thermometer regelmäßig für einige eisige Wochen auf minus 40 Grad hängen.

Die Winter haben wohl auch die Siedler abgeschreckt, denn bis heute ist das Interior trotz des Goldrauschs an der Wende zum 20. Jh. kaum bewohnt. Eine Stadt, ein Dutzend Örtchen – das war's auch schon für eine Region so groß wie halb Deutschland.

Zumindest gibt es jedoch einige Highways, auf denen man das weite Land durchfahren

Herbstfarben am Denali Highway – die bunte Zeit beginnt in Alaska schon Mitte September

kann, Highways zu kleinen Pionierorten im Hinterland, zu Campingplätzen und Wanderrevieren an stillen Waldseen und zu heißen Quellen, in denen schon die Goldgräber ihre müden Muskeln lockerten.

DELTA JUNCTION

(111/D 2) Meile 1422, Alaska Hwy.: *The end of the road.* Seit gut 50 Jahren ist Delta Junction (700 Ew.) das ersehnte Ziel der Überlandfahrer auf dem legendären Alaska Hwy., der tief im Süden im kanadischen Dawson Creek beginnt. Im Mittelpunkt des weit auseinander gezogenen Straßendorfs steht vor dem Visitor Center der offizielle letzte *Meilenstein* der 1942 erbauten Militärstraße. Von hier führte damals bereits der Richardson Hwy. weiter nach Fairbanks bzw. nach Valdez im Süden. Delta Junction ist der einzige Landwirtschaftsort des Interior: Gut 15 000 ha Land wurden in den letzten 25 Jahren gerodet und zum Anbau von Hafer, Weizen und anderem Getreide genutzt.

BESICHTIGUNG

**Big Delta
State Historical Park** *(111/D 1)*
Ein kleines Museumsdorf mit originalgetreu restaurierter Postkutschenstation aus dem Jahr 1910: *Rika's Roadhouse.* Unmittelbar nördlich überquert die ❄ *Alyeska Pipeline* in schimmerndem Bogen den Tanana River. *Meile 275, Richardson Hwy., im Sommer tgl. 8–20 Uhr, Eintritt frei*

DENALI NATIONAL PARK

(110/A–B 2–3) 1980 wurde der 1917 gegründete Park vergrößert: 24 395 qkm umfasst die Wildnisregion nun, ein Gebiet größer als Hessen. Spektakulärste Attraktion ist der *Mt. McKinley,* mit 6194 m der höchste Gipfel Nordamerikas. Doch vor allem auch die Tierwelt macht den Besuch in den großen, im Sommer von Wildblumen übersäten Tundragebieten erlebnisreich: Rund 2000 Elche, 3000 Karibus und fast 300 Grizzlies leben im Park,

dazu Bergschafe, Füchse, Wölfe, Steinadler und viele kleinere nordische Tierarten. Da der größte Teil des Schutzgebiets oberhalb der Baumgrenze liegt, hat man gute Chancen, die dank des strikten Jagdverbots wenig scheuen Tiere auch tatsächlich zu sehen.

Vom Parkeingang führt die für den öffentlichen Verkehr gesperrte ★ *Denali Park Road* entlang der Nordseite der Alaska Range 135 km weit in den Park, wo man vom *Eielson Visitor Center* und vom *Wonder Lake* aus die schönsten ☀ Ausblicke auf den Berg hat. Sie können sich auch im Park absetzen lassen und mit einem späteren Bus wieder zurückfahren. Für mehrtägige Wandertouren ins Hinterland muss man sich beim Backcountry Desk des Visitor Center für eine bestimmte Region eintragen. Falls Sie – was zur Hochsaison häufig vorkommt – ein bis zwei Tage auf einen Platz im Bus warten müssen, empfiehlt sich ein Abstecher auf den *Denali Highway*, eine Rafttour auf dem *Nenana River* oder ein Besuch bei den *Schlittenhunden* der Park Ranger *(täglich Vorführungen in den Dog Kennels bei den Park Headquarters).*

RESTAURANTS

Denali Dining Room
Fischsteak und andere amerikanische Kost im historischen Eisenbahnhotel am Parkeingang. Abends ist der ☻ Golden Spike Saloon in zwei alten Wagons der Alaska Railroad sehr beliebt. *Tel. 276-72 34, Kategorie 2–3*

The Perch
☀ Gute Steaks und Fischgerichte mit Blick über das Nenana-Tal. *Meile 224, Parks Hwy., Tel. 683-25 23, Kategorie 2*

ÜBERNACHTUNG

Camp Denali
☀ Einfache Blockhütten im Herzen des Parks mit fließend kaltem Wasser. Traumblick auf den Berg. Naturkundliche Führungen. Lange vorab zu reservieren! *Postadresse: P.O. Box 67, Denali National Park, AK 99755, Tel. 683-22 90, Fax 683-15 68, inkl. Vollpension Kategorie 1*

Denali Dome Home B & B
Freundliche Frühstückspension etwas nördlich vom Parkeingang. *9 Zi., P.O. Box 262, Healy, AK 99743, Tel. 683-12 39, Fax 683-23 22, Kategorie 2*

Denali Grizzly Bear Cabins
Acht einfache, moderne Blockhütten südlich des Parkeingangs. Campingplatz. *Meile 231, Parks Hwy., Tel. 683-26 96, Kategorie 2*

Denali Hostel
☂ Einfache Backpacker-Unterkunft am Nordrand des Parks. Shuttledienst zum Parkeingang. *30 Betten, P.O. Box 801, Denali Park, Tel. 683-12 95, Kategorie 3*

Kantishna Roadhouse
Komfortable Wildnislodge am Ende der Parkstraße. Gute Wandermöglichkeiten. *28 Zi., P.O. Box 130, Denali National Park, AK 99755, Tel. 479-24 36, Fax 479-26 11, inkl. Vollpension Kategorie 1*

TOUREN

★ Bustouren auf der Denali Park Road beginnen am Parkeingang beim Visitor Center, dort werden

Mühsame Futtersuche: Karibus im Denali National Park

auch die Tickets für die Busse bis zu drei Tage im Vorhinein ausgegeben. Ein Teil der Sitzplätze kann sechs Monate vorab reserviert werden. *Tel. 272-72 75, Fax 264-46 84, Fahrpreis $ 12,50–31, je nach gewünschter Strecke*

AUSKUNFT

Denali National Park

Großes Infozentrum rechter Hand am Parkeingang. Auch Anmeldung für die sieben Campingplätze im Park. *P.O. Box 9, McKinley Park, AK 99755, Tel. 683-22 94, Fax 683-96 11, www. nps.gov/dena*

EAGLE

(**111/F 1**) Das nostalgische Goldgräbernest am Ufer des Yukon River ist den langen, holprigen Abstecher auf dem Taylor Hwy. wohl wert: Es gibt täglich Führungen (vormittags) durch die Ausstellungen im *Gerichtsgebäude* von 1901 und im alten *Customs House* und im teilweise restaurierten *Fort Egbert* der US

Army aus dem Jahr 1899. Sie illustrieren die bewegte Pioniergeschichte. Von hier zogen die ersten Goldgräber zum Klondike, und die großen Yukon-Dampfer fuhren von hier bis zur Beringsee. Nach dem Boom blieben gerade noch 150 Menschen in dem Städtchen – und mehr sind es auch heute nicht.

Wildnisfans können von hier auf dem Yukon durch die *Yukon-Charley Rivers National Preserve* bis nach Circle paddeln *(Auskunft im Park Visitor Center).*

FAIRBANKS

☛ Stadtplan in der hinteren Umschlagklappe

(**110/C 1**) Heute spielt Fairbanks (85 000 Ew.) nur noch die zweite Geige hinter Anchorage, doch von der Wende zum 20. Jh. bis lange nach dem Zweiten Weltkrieg war es die wichtigste Stadt Alaskas. Noch heute ist es der Versorgungsort für Zentralalaska und für die Arktis. Von hier aus wurden die großen Ölvorkommen der Prudhoe Bay erschlossen. Von hier aus starten die

Buschflieger zu den Eskimodörfern und setzen Geologen und Goldsucher, Schlauchbootfahrer und Wanderer in der Wildnis ab.

Ein Händler, der etwas dubiose Captain Barnette, gründete am Ufer des Chena River 1901 einen kleinen Handelsposten. Als ein Jahr später ganz in der Nähe Gold entdeckt wurde, war die Zukunft der Siedlung gesichert. In den nächsten Jahren schwärmten Goldsucher in die gesamte Umgebung aus (und noch heute kann man sie nördlich von Fairbanks in den Hügeln wühlen sehen). Schon 1917 wurde eine Universität gegründet, 1923 kam die Eisenbahn, im Zweiten Weltkrieg die US Army und in den Siebzigerjahren der Ölboom.

Schön ist die Stadt nicht mit ihrem Nebeneinander von alten Hütten, neuen Büroklötzen und von Werbetafeln gesäumten Straßen – aber typisch für Alaska. Einen Tag sollten Sie einplanen: einmal durch die Downtown um die *Cushman Street* bummeln und Vorräte einkaufen, ehe es weitergeht ins einsame Hinterland.

BESICHTIGUNGEN

Alaskaland

Rummelplatz und Freilichtmuseum zugleich: mit fotogenen Pionierhäusern, Shops, einem alten Schaufelraddampfer, Salmon Bake (einer Art Lachspicknick), Goldgrabergerät und Saloon (abends Shows). *Airport Way, im Sommer tgl. 11–21 Uhr, Eintritt frei*

Gold Dredge No. 8

Mitten im historischen Gold District nördlich von Fairbanks erfährt man bei einer Führung durch diese riesige alte Gold-

waschanlage alles über das Mining – anschließend können Sie selbst Ihr Glück versuchen. Auf dem Weg passiert man auch die Alyeska Pipeline. *Meile 9, Old Steese Hwy., im Sommer tgl. 9–18 Uhr, Eintritt $ 21*

Ice Museum

Witzige Ausstellung von Skulpturen aus Eis im Nebenraum eines Souvenirladens. *500 2nd Av., tgl. 10–19 Uhr, Eintritt frei*

Riverboat Discovery

Halbtägige Fahrten mit einem Schaufelraddampfer auf dem Chena und dem Tanana River. *Dock am Westende des Airport Way, Reservierung Tel. 479-66 73, Fahrpreis $ 40*

MUSEUM

University Museum

★ Das schön auf einem Hügel über der Stadt gelegene moderne Museum gibt einen hervorragenden Überblick über Alaskas Natur- und Pioniergeschichte. *Campus der University of Fairbanks, im Sommer tgl. 9–19 Uhr, Eintritt $ 5*

RESTAURANTS

Ester Gold Camp

Touristisch, aber vergnüglich: Im alten Goldgrabercamp können Sie sich am Heilbuttbüfett laben und danach im *Malemute Saloon* bechern (abends Shows). *15 Automin. westlich am Parks Hwy., Tel. 479-25 00, Kategorie 2–3*

Pike's Landing

✪ Steaks, Fisch und gutes Bier. Terrasse am Flussufer. Sehr guter Sonntagsbrunch. *Meile 4,5, Airport Way, Tel. 479-71 13, Kategorie 2–3*

Denkmal für die Ureinwohner: die »First Family« in Fairbanks

EINKAUFEN

Große Shoppingmalls finden Sie entlang der University Av. und am Old Steese Hwy. Sport- und Ausrüstungsläden liegen ebenso wie Galerien und Souvenirshops in der Innenstadt um Cushman Av. und 2nd Av.

ÜBERNACHTUNG

B & B Reservation Service
Agentur für etwa 50 B & B Inns im ganzen Stadtbereich. *763 7th Av., Fairbanks, Tel. 479-8165, Fax 474-8448, Kategorie 1–2*

Bridgewater
Solides Mittelklassehotel im Zentrum der Stadt. *94 Zi., 723 First Av., Tel. 452-6661, Fax 452-6126, Kategorie 2*

TOUREN

Frontier Flying Service
Flugexkursionen nach Prudhoe Bay, Barrow und in den Gates of the Arctic National Park; auch Vermittlung von Guides. *3820 University Av., Tel. 474-0014*

AUSKUNFT

Fairbanks Visitor Center
550 First Av., Fairbanks, AK 99701, Tel. 456-5774, Fax 452-2867, www.explorefairbanks.com

ZIELE IN DER UMGEBUNG

Dalton Highway   (108/A 1–6)
Erst 1994 wurde die Pipeline-straße von Fairbanks nach Prudhoe Bay freigegeben: 666 einsame Kilometer durch die Brooks Range bis zum Eismeer. Das letzte Stück ist aber bis heute gesperrt, die Ölanlagen sind nur bei Führungen zu besuchen. Mehrtägige Touren auf dem Highway bietet die *Northern Alaska Tour Company (Tel. 474-8600, Fax 474-4767)* ab Fairbanks an.

Heiße Quellen   (108/B 6)
In der weiteren Umgebung von Fairbanks lohnen sich Ausflüge auf Stichstraßen ins Hinterland: Nur eine Fahrstunde entfernt liegt *Chena Hot Springs,* ein Resort Hotel *(76 Zi., Tel. 452-7867, Fax 456-3122, Kategorie 2)* mit heißen Quellen. Rund 200 km sind es bis

Circle Hot Springs (herrliches Haus, *24 Zi., 10 Hütten, Tel. 520-51 13, Fax 520-51 16, Kategorie 2–3),* wo schon an der Wende zum 20. Jh. die Goldgräber baden gingen.

North Pole   (110/C 1)

Am Nordpol wohnt der Weihnachtsmann, also schicken amerikanische Kinder ihre Wunschpostkarten nach North Pole, Alaska. Das ★ *Santa Claus House* in diesem Vorort von Fairbanks wird allen Weihnachtsgefühlen gerecht – hier klingeln auch im Juli die »Jingle Bells«. *25 km östlich am Richardson Hwy.*

NENANA

(110/B 1) Das Städtchen (500 Ew.) an der Mündung des Nenana in den breiten Tanana River entstand aus einem Dene-Indianerdorf, nachdem ab 1923 die Eisenbahn hierher führte. Das *Alaska Railroad Museum (im Sommer tgl. 9–18 Uhr)* im schön renovierten Bahnhof am Flussufer illustriert jene Zeit. Im Sommer sieht man hier oft auch indianische Fischräder, die wie kleine Schaufelradbagger Lachse aus dem Tanana River schöpfen. Berühmt ist der Ort übrigens in ganz Alaska durch das *Ice Classic,* eine Lotterie, bei der es darum geht, den Zeitpunkt des Eisaufbruchs auf dem Fluss zu erraten. Jeder Alaskaner macht da mit – immerhin lockt ein Gewinn von $ 250 000.

TALKEETNA

(110/B 3) In Talkeetna (400 Ew.) scheint die Zeit vor 30 Jahren stehen geblieben zu sein. Nostalgisches Pionierflair herrscht zwischen den alten Blockhütten und Westernfassaden, und bis heute ist die Main St. die einzige geteerte Straße im Ort. Zwar liegt Talkeetna noch südlich der Alaska Range, doch für die Bergsteiger ist es das Tor zum *Mt. McKinley.* Der wegen seiner Lage fast am Polarkreis stark vergletscherte Berg ist das Extremziel der internationalen Bergsteigerelite – und so mancher Kletterer liegt auf dem Friedhof neben dem Flughafen. In Bars wie dem ☂ *Swiss-Alaska Inn* treffen sich Kletterer zum Erfahrungsaustausch, bevor sie sich von *K2 Aviation (Tel. 733-22 91, auch ★ Sightseeingrundflüge über den Berg)* zum Basiscamp fliegen lassen.

Three Rivers B & B

Vermittlung von Privatzimmern und gemütlichen Blockhütten. *P.O. Box 525, Talkeetna, AK 99676, Tel. und Fax 733-27 41, Kategorie 2*

Talkeetna Ranger Station

Auskunftsstelle für Bergsteiger, die den Mt. McKinley wagen wollen. *P.O. Box 588, Talkeetna, AK 99676, Tel. 733-22 31, kein Fax*

TOK

(111/E 2) Ganz Tok (1200 Ew.) scheint aus Tankstellen und Motels zu bestehen. Kein Wunder, denn es ist der erste Ort Alaskas, den man auf dem Alaska Hwy. von Süden her erreicht. Nach den Wildnisstrecken im kanadischen Yukon Territory beginnt hier wieder die »Zivilisation«. Zwei große Info Centres helfen bei der Planung der Weiterreise.

Land der Fjorde und der Wälder

Das Insellabyrinth Südostalaskas lässt sich am besten per Schiff erkunden

Vom »Fjord, in den sich Flüsse aus Eis ergießen«, schwärmte schon vor 100 Jahren der amerikanische Naturphilosoph und Forscher John Muir, als er die Glacier Bay bereiste. Die spektakuläre Eisbucht am Nordrand des Panhandle gehört bis heute zu den herausragenden Attraktionen Alaskas – eine Urwelt von kalbenden Gletschern, driftenden Eisbergen und fast 5000 m hohen, blendend weißen Schneegipfeln.

Und dennoch treffen die Klischees von Alaska als dem Land der Eskimos und Eisbären für den Panhandle so gar nicht zu. Das Grün der Wälder und das Blau des Meeres sind die vorherrschenden Farben. Bunte Fischerstädtchen und kleine Orte der Tlingit-Indianer, der alten Herren des Landes, liegen weit verstreut im Gewirr der dicht bewaldeten Inseln und Fjorde. Buckelwale und Seelöwen tummeln sich in den Buchten. Das vom Meer bestimmte Klima ist mild – und nass, denn die Wolken des Pazifiks regnen sich hier

Grün in Grün: die Hauptstadt Juneau

an den Coast Mountains ab. Beste Voraussetzungen für einen einzigartigen »kalten« Regenwald, in dem jahrhundertealte Sitkatannen und Douglasien wachsen, in dem Farne und Moose üppig sprießen.

Alaskas Südosten ist längst nicht so arktisch, wie man vermuten möchte: Ketchikan, die südlichste Stadt, liegt auf der Höhe von Kopenhagen, die Hauptstadt Juneau immer noch südlich von Stockholm. Panhandle heißt die Region bei den Alaskanern, weil die politische Grenzziehung hier einen schmalen, aber gut 800 km langen Landstreifen geschaffen hat, über den der Staat wie an einem Pfannenstiel am Kontinent hängt. Der größte Teil des Gebiets gehört heute zum knapp 7 Mio. ha großen Tongass National Forest, in dem zahlreiche Wilderness Areas unter besonderem Schutz stehen – Naturparadiese für Kajakfahrer und Wildnisfans. Bis heute sind nur drei Orte des Panhandle, nämlich Hyder, Haines und Skagway, über Straßen mit der Außenwelt verbunden. Was aber nicht bedeutet, dass die Region nicht gut erschlossen wäre: Lachsfischer und Holzfäller tummeln sich hier seit Ende des 19. Jhs. und haben zahlreiche kleine Orte gegründet. Angel- und Wildnislodges gibt es zuhauf. Und auf der berühmten Inside Passage, einem geschützten Wasserweg, segelten schon die Goldsucher zu den Reichtümern des Klondike.

Auch heute ist die Inside Passage die schönste Möglichkeit, die grandiose Schärenwelt in Südostalaska zu erobern: luxuriös mit einem der vielen Kreuzfahrtschiffe oder individuell mit den großen Autofähren des *Alaska Marine Highway* (möglichst lange vorab buchen!). Planen Sie auf jeden Fall einige Stopps in den Küstenorten ein und dazu eine Kajaktour oder einige Tage in einer Lodge oder Wilderness Ca-

bin. Und vergessen Sie auf gar keinen Fall Ihr Regenzeug!

GLACIER BAY NATIONAL PARK/ GUSTAVUS

(116/A–B 2) Auf einer ❀ Bootstour in die gut 100 km lange »Gletscherbucht« werden alle Alaskaträume wahr: dramatische Eiswälle, steile Fjordwände, Eisschollen, auf denen Robben dösen und – mit etwas Glück – sogar springende Buckelwale vor einer atemberaubenden Kulisse. An die zehn Gletscher strömen in die 110 km lange, weit verzweigte Meeresbucht. Darüber ragt die erhabene Silhouette des 4663 m

---

MARCO POLO TIPPS FÜR SÜDOSTALASKA UND DEN PANHANDLE

1 Alaska Discovery Expeditions
Wildnistouren vom Feinsten: zu Fuß, im Schlauchboot oder im Kajak (Seite 62)

2 Bar des Alaskan Hotel
Ein traditionsreicher Saloon: urig, düster und laut (Seite 61)

3 Chilkoot Trail
Wandern auf den Spuren der Goldgräber (Seite 70)

4 Gastineau Salmon Hatchery
Alles, was Sie schon immer über das Leben der Lachse wissen wollten (Seite 61)

5 Glacier Bay Country Inn
Wildnis für Genießer: eine gepflegte Lodge an der Glacier Bay (Seite 59)

6 Misty Fjords National Monument
Fjorde, Seeadler und Wasserfälle: ein Naturparadies zum Staunen (Seite 65 und 66)

7 Sheldon Jackson Museum
Die schönsten Sammlungen über die Kulturen der Indianer und Eskimos (Seite 68)

8 Totem Bight Historical Park
Alaska pur: Totempfähle, Meer und Wald (Seite 64)

Glacier Bay National Park, die spektakulärste Attraktion Südostalaskas

hohen *Mt. Fairweather* auf. Kaum zu glauben, dass es diese riesige Bucht vor gut 200 Jahren überhaupt nicht gab: Noch 1792, als Captain Vancouver hier vorübersegelte, lag sie unter einer gut 1200 m dicken Eisschicht. Seither sind die Gletscher zurückgewichen, Wälder und Wildblumen erobern die nackten Felshänge, Bären und mehr als 200 Vogelarten sind hier nun heimisch. Ausgangspunkt für alle Touren in das 1925 gegründete, rund 13 000 qkm große Schutzgebiet ist das Örtchen Gustavus am Südeingang der Bucht (Fährverbindung ab Juneau).

ÜBERNACHTUNG

Bear Track Inn

Große neue Blockhauslodge mit herrlichem Blick. Breites Angebot an Aktiv- und Sightseeingtouren. *14 Zi., 255 Rink Creek Rd., Gustavus, Tel. 697-3017, Fax 697-2284, inkl. Vollverpflegung und Touren Kategorie 1*

Glacier Bay Country Inn

★ Sehr gepflegte Lodge mit ausgezeichneter Küche. Außerdem gibt es hier zahlreiche Tourangebote. *9 Zi., Gustavus, P.O. Box 5, Tel. 697-22 88, Fax 697-22 89, inkl. Vollpension Kategorie 1*

The Growley Bear

Modernes B & B-Haus im Ort. Einfach, aber nett und sauber. *5 Zi., P.O. Box 246, Gustavus, Tel. 697-27 30, Kategorie 2*

TOUREN

Glacier Bay Sea Kayaks

Kajakvermietung für mehrtägige individuelle Touren in der Bay. *P.O. Box 26, Gustavus, Tel. 697-22 57, Fax 697-30 02*

Glacier Bay Tours

Ganztägige Bootstouren im Park ab Bartlett Cove sowie Walbeobachtungsfahrten. Dazu ein breites Angebot von mehrtägigen Touren (auch mit Kajaks) in der ganzen Region und Buchung der

Glacier Bay Lodge (56 Zi., Kategorie 1–2), der einzigen Unterkunft im Park, zu der ein kleines Backpacker Hostel gehört. *Postadresse: 226 2nd Av., Seattle, WA 98101, Tel. 206/623-24 17, Fax 623-78 09*

AUSKUNFT

Glacier Bay National Park
Bartlett Cove, Gustavus, AK 99826, Tel. 697-22 30, Fax 697-26 54

HAINES

(116/B2) Die Adler haben dem alten Tlingit-Ort und Fischerhafen im Nordteil des Panhandle in den letzten Jahren zur Berühmtheit verholfen. Jedes Jahr im Spätherbst sammeln sich im Tal des Chilkat River rund 4000 Weißkopfseeadler, um sich an einem späten Lachszug gütlich zu tun – ein einzigartiges Schauspiel für Vogelfreunde und Fotografen. Doch auch im Rest des Jahres ist das vor der dramatischen Kulisse der Coast Mountains gelegene Städtchen (1200 Ew.) recht reizvoll: Viele Adler bleiben auch im Sommer da, und Sie selbst können auf dem nahen ✹ *Chilkoot Lake* (Campingplatz) Kanu fahren, baden – und Lachse angeln.

Das kleine *Sheldon Museum (im Sommer tgl. 13–17 Uhr, Eintritt $ 3)* am Beginn der Main St. erhält das kulturelle Erbe der Tlingit-Indianer: alte Totempfähle und kunstvoll gewebte Decken aus Bergziegenwolle.

Mehrere Chartergesellschaften, etwa *L.A.B. Flying Service (Tel. 766-22 22)*, veranstalten *Sightseeingflüge* über die nahe Glacier Bay. Außerdem bietet der Ort auch den schnellsten Straßenanschluss weiter nach Norden: Über den landschaftlich sehr eindrucksvollen *Haines Hwy.* kommt man auf den *Alaska Hwy.* und gelangt nach etwa zwei bis drei Tagen Fahrt bis Fairbanks oder Anchorage.

BESICHTIGUNG

Fort William H. Seward
Der 1904 gegründete Armeeposten steht heute unter Denkmalschutz. Die Häuschen der Offiziers- und Mannschaftsquartiere wurden restauriert und dienen inzwischen als Restaurants und Kulturzentren. Mehrmals pro Woche treten hier die Chilkat Dancers, eine Tlingit-Tanztruppe, auf. *Info Tel. 766-22 34, Eintritt frei, Vorführung $ 10*

RESTAURANT

Fort Seward Lodge
Steaks und frische Krebse mit ✹ Blick über den Hafen und die Berge. Bar und einfaches Motel *(10 Zi.)* angeschlossen. *Fort Seward, Tel. 766-20 09, Fax 766-20 06, Kategorie 2*

EINKAUFEN

Chilkat Center for the Arts
In mehreren Werkstätten können Sie indianischen Schnitzern zusehen und die Produkte kaufen: Masken, Holzschalen oder auch einen echten Totempfahl – für $ 5000. *Im Fort Seward*

ÜBERNACHTUNG

Fort Seward B & B
Gemütliche Frühstückspension, die im ehemaligen Haus des Stabsarzts von Fort Seward eingerichtet wurde. *7 Zi., P.O. Box 5, Tel. 766-28 56, Kategorie 2–3*

Hälsingland Hotel

Schön restauriertes Hotel und B & B in zwei alten Offiziershäusern von Fort Seward. Restaurant und Bar. *60 Zi., P.O. Box 1589, Tel. 766-2000, Fax 766-2445, Kategorie 2*

TOUREN

Chilkat Guides

Geführte Schlauchboottouren auf dem Chilkat River durch das Schutzgebiet der Weißkopfseeadler. Auch mehrtägige Raft-Expeditionen. *P.O. Box 170, Haines, AK 99827, Tel. 766-2491, Fax 766-2409*

Chilkat State Park

Auf der Halbinsel dieses Schutzgebiets laden gute Wanderwege zu Tagestouren in der ◣ herrlichen Fjordlandschaft ein. *Südlich von Haines an der Mud Bay Rd.*

Sockeye Cycle

Rad- und Kajakvermietung. Mehrtägige Radtouren ins kanadische Yukon Territory. *P.O. Box 829, Haines, AK 99827, Tel. und Fax 766-2869*

AUSKUNFT

Haines Visitors Bureau

Infobüro an der 2nd St., Postadresse: P.O. Box 530, Haines, AK 99827, Tel. 766-2234, Fax 766-3155, www.haineschamber.org

JUNEAU

☛ **Stadtplan in der hinteren Umschlagklappe**

(**116/C3**) Eine Hauptstadt ohne Straßenanschluss an die Außenwelt, ohne Autobahnen oder Renommierbauten – das gibt es nur in Alaska. Und Juneau (30000 Ew.), 1880 anlässlich eines kleinen Goldrauschs gegründet, ist bestimmt die am schönsten gelegene Hauptstadt aller US-Bundesstaaten: zu Füßen des steil aufragenden Mt. Juneau, das dunkle Wasser des Gastineau Channel vor der Haustür. Nur einen klotzigen Regierungsbau hat man sich geleistet, das ◣ *State Office Building* an der Willoughby Av. – von dessen Terrasse im 8. Stock bietet sich ein herrlicher Blick über die Stadt.

Ein buntes Durcheinander viktorianischer Häuser und moderner Zweckbauten bestimmt das Bild der Innenstadt um die quirlige Franklin St., vor der im Sommer die Kreuzfahrtschiffe anlegen, von wo aus eine *Gondelbahn* auf den Berg führt und wo es im *Red Dog Saloon* und in der traditionsreichen ★ *Bar des Alaskan Hotel* abends hoch hergeht. Auch die Seitenstraßen sind interessant: An der Gold St./Fifth St. liegt die *St. Nicholas Church* von 1894, und an der 7th St. ist die prächtig renovierte *Residenz des Richters Wickersham* zu besichtigen.

BESICHTIGUNGEN

Gastineau Salmon Hatchery

★ Im Aquarium der Fischzuchtanlage werden die Wasserwelt des Nordpazifiks und die Wanderung der Lachse erläutert. *26197 Channel Drive, Mo–Fr 10 bis 18, Sa, So 12–17 Uhr, Eintritt $ 3*

Mendenhall Glacier

Das Wahrzeichen Juneaus: In breiter Front mündet der Gletscher rund 20 km nördlich der Stadt in einen kleinen See. Visitor Center, Wanderwege. *Tgl. 8.30 bis 17.30 Uhr, Zutritt frei*

MUSEUM

Alaska State Museum
Eines der führenden Museen: Ausstellungen zur Kultur der Ureinwohner und zur Pioniergeschichte. *395 Whittier St., Mo–Fr 9–18 Uhr, Sa und So 10–18 Uhr, Eintritt $ 4*

RESTAURANTS

The Fiddlehead
In-Lokal mit kreativer West Coast Cuisine. Ausgezeichneter Fisch. *429 W Willoughby Av., Tel. 586-31 50, Kategorie 2*

Gold Creek Salmon Bake
Ein Lachspicknick mit Goldgräberatmosphäre. Ziemlich touristisch aufgezogen, aber der Lachs schmeckt prima. *1061 Salmon Lane, Tel. 789-00 52, Kategorie 2*

EINKAUFEN

Zahlreiche Kunstgalerien und Touristenshops säumen die Franklin St. der Altstadt. Versuchen Sie es für Kunsthandwerk in der *Rainsong Gallery (291 S Franklin St.)*, bei *Annie Kaill's (244 Front St.)* oder bei *Raven's Journey (175 S Franklin St.)*.

ÜBERNACHTUNG

Driftwood Lodge
Komfortables Mittelklassehotel in der Innenstadt. *62 Zi., 435 Willoughby Av., Tel. 586-22 80, Fax 586-10 34, Kategorie 2*

Mt. Juneau Inn
Freundliche Pension am nördlichen Stadtrand. *7 Zi., 1801 Old Glacier Hwy., Tel. 463-58 55, Fax 463-54 23, Kategorie 2*

Silverbow Inn
Historisches, schön renoviertes Hotel in der Innenstadt. Sehr gutes Restaurant. *10 Zi., 120 2nd St., Tel. 586-41 46, Fax 586-42 42, Kategorie 1–2*

Thayer Lake Lodge
Einsam gelegene rustikale Wildnislodge auf Admiralty Island. Anreise per Wasserflugzeug. *5 Zi., P.O. Box 5416, Ketchikan, AK 99901, Tel. 225-33 43, Fax 247-70 53, inkl. Vollpension Kategorie 2*

TOUREN

Alaska Discovery Expeditions
★ Mehrtägige Campingtouren in allen Regionen Alaskas. Kajakfahrten in der Glacier Bay und um Admiralty Island. Rafting in der Arktis und auf anderen Wildwasserflüssen. *5449 Shaune Drive, Juneau, AK 99801, Tel. 780-62 26, Fax 780-42 20, www.akdiscovery.com*

Tracy Arm Tours
Ganztägige Bootstouren zu den Eisbergen und Gletschern des Tracy Arm, eines Fjords südlich von Juneau. *2 Marine Way, Tel. 586-33 11*

Ward Air
Airtaxi-Gesellschaft, die Flightseeing-, Angel-, und Wildnistrips organisiert. Auch Touren zur Bärenbeobachtung am Pack Creek. *8991 Yandukin Drive, Juneau, AK 99801, Tel. 789-91 50*

AUSKUNFT

Juneau Visitors Bureau
134 3rd St., Juneau, AK 99801, Tel. 586-22 01, Fax 586-63 04, www.traveljuneau.com

KETCHIKAN

Admiralty Island/
Pack Creek (116/C 3–4)

Die drittgrößte Insel in Südostalaska steht fast gänzlich unter Naturschutz: ein 400 000 ha großes Wildnisparadies. Grizzlies und Seeadler sind häufig, in vielen Bächen laichen von Juli bis September die Lachse. Eine Kanuroute führt quer durch die Insel, die Buchten entlang der Küste kann man mit dem Kajak erkunden, und die Mündung des Pack Creek ist von Mitte Juli bis Ende August hervorragend zur Beobachtung von Grizzlies geeignet (Genehmigung nötig!). *Info: Forest Service, 101 Egan Drive, Juneau, AK 99801, Tel. 586-87 51, Fax 586-79 28*

(117/D 5) Ketchikan an der Westküste von Revillagigedo Island ist der erste Hafenort Alaskas, den man per Fähre oder Kreuzfahrtschiff von Süden her erreicht, und recht typisch für die Städtchen des Panhandle. Ein geschäftiger Fischerhafen, umrahmt von tiefgrünen Bergen, die ebenso geschäftige Front St. mit Saloons, Galerien und Souvenirläden, einige Nebenstraßen, die sich die Küste entlangziehen, und ein Bach, in dem die Lachse springen.

Rund 15 000 Menschen leben in Ketchikan, damit ist es nach Juneau die zweitgrößte Stadt des Südostens. Holzfällerei, seit einiger Zeit auch der Tourismus und

Ganz wie früher: die Creek Street in Ketchikan

Totem Bight Park: Kunst in Holz

baut sind, noch den historischen Charme des Städtchens spüren. An der Creek St., bis vor 40 Jahren das Rotlichtviertel des Fischerorts, steht *Dolly's House (Öffnung nach Bedarf),* ein witziges Bordellmuseum. Seriöser wird die Stadtgeschichte auf der anderen Seite des Bachs im *Tongass Historical Museum (629 Dock St., im Sommer tgl. 8–17 Uhr, Eintritt $ 3)* behandelt.

BESICHTIGUNGEN

Totem Heritage Center
Rund 30 alte Totempfähle aus verlassenen Dörfern des Südostens wurden hier gesammelt. Ein Lehrpfad führt durch den kleinen Park um das Museum. Auf der gegenüberliegenden Seite des Bachs können Sie in einer Zuchtanlage Näheres über den Lebenszyklus der Lachse erfahren. *601 Deermount St., Mo–Sa 8–17, So ab 9 Uhr, Eintritt $ 2*

Totempfähle
Das künstlerische Erbe der Tlingit-Indianer wird in Ketchikan anschaulich erhalten: Mehrere moderne Pfähle stehen am Hafen, herrliche alte Schnitzwerke können Sie im *Saxman Park* (4 km südlich der Stadt, mit Schnitzschule und Verkaufsgalerie) bewundern. Die stimmungsvollste Anlage aber ist der ★ *Totem Bight Historical Park* (15 km nördlich am Tongass Hwy.), wo umrahmt von Wald an der Küste ein Clanhaus und etwa 15 bunt bemalte historische Pfähle stehen.

vor allem die Fischerei sind die wichtigsten Wirtschaftszweige – nicht umsonst nennt sich Ketchikan stolz die »Hauptstadt des Lachsfangs«. Und es gibt einen weiteren, echten Rekord: Ketchikan ist die Regenhauptstadt Alaskas. Gut 4000 mm Niederschlag fallen hier pro Jahr. Der dichte Regenwald ringsum und das Moos auf den Hausdächern bezeugen es.

In der Innenstadt um die Front St. und die Mill St. herrscht im Sommer tagsüber reger Betrieb, wenn die Passagiere einiger Kreuzfahrtschiffe losgelassen werden. Dennoch kann man entlang der malerischen Promenaden Creek St. und Thomas St., die auf Pfählen über das Wasser ge-

RESTAURANTS

Cape Fox Lodge
Elegantes ♨♨ Aussichtsrestaurant auf einem Hügel über der Innen-

stadt – sogar mit Zahnradbahn. *800 Venetia Way, Tel. 225-8001, Kategorie 1–2*

Waterfront Cafe

◈ Coffeeshop mit Terrasse über dem Wasser. Frischer Fisch und deftige Alaskakost. *1287 Tongass Av., Tel. 247-06 95, Kategorie 3*

ÜBERNACHTUNG

Best Western Landing

Angenehmes Hotel nahe dem Fährterminal am Nordende von Ketchikan. *76 Zi., 3434 Tongass Av., Tel. 225-51 66, Fax 225-69 00, Kategorie 2*

New York Hotel

Hübsch renoviertes historisches Hotel am Hafen mit nettem Restaurant. *8 Zi., 207 Stedman St., Tel. 225-02 46, Kategorie 2*

Waterfall Resort

Angellodge in einer restaurierten alten Konservenfabrik. Völlig abgelegen auf Prince of Wales Island. *40 Zi., P.O. Box 6440, Ketchikan, AK 99901, Tel. 225-94 61, Fax 225-85 30, Kategorie 1*

Yes Bay Lodge

Eine herrlich gelegene Wildnislodge zum Angeln (Lachse!) und Natur genießen. Anreise von Ketchikan mit dem Wasserflugzeug. *12 Zi., Postadresse: P.O. Box 8660, Ketchikan, AK 99901, Tel. 800/999-07 84, Fax 907/247-38 75, inkl. Vollpension Kategorie 1*

TOUREN

Southeast Exposure

Kajakvermietung und vor allem auch geführte Touren durch das ★ Misty Fjords National Monu-

ment. *P.O. Box 9143, Ketchikan, AK 99901, Tel. 225-88 29, www.southeastexposure.com*

AM ABEND

In den Hafenbars von Ketchikan kann es zwar spätabends manchmal ruppig werden, aber dafür herrscht auch Alaska-Feeling pur. Probieren Sie die ◈ *Pioneer Bar (Front St./Mission St.)* oder die ⚘ *Potlatch Bar (Thomas St.)*. In beiden treten häufig Bands auf.

AUSKUNFT

Ketchikan Visitors Bureau

131 Front St., Ketchikan, AK 99901, Tel. 225-61 66, Fax 225-42 50, www.visit-ketchikan.com

Southeast Alaska Visitor Center

Infos über alle Naturschutzgebiete der Region, Ausstellungen, Buchung von Wilderness Cabins. *50 Main St., Ketchikan, AK 99901, Tel. 228-62 14, Fax 228-26 34*

ZIELE IN DER UMGEBUNG

Hyder (117/E 5)

Ein Goldgräbernest (85 Ew.) wie aus dem Bilderbuch: windschiefe Fassaden, eine staubige Main St. und einige urige Bars, rundherum gletscherbedeckte Berge. Zusammen mit seiner kanadischen Nachbarstadt Stewart liegt Hyder am Ende des Portland Canal, eines 145 km langen Fjords, auf dem einmal pro Woche eine Fähre nach Ketchikan verkehrt. Am *Fish Creek* bei Hyder können Sie im August den Königslachsen beim Laichen zusehen – und mit etwas Glück Weißkopfseeadler und Schwarzbären beobachten. Die Schotterpiste entlang des

Fish Creek führt weiter hinauf in die *Coast Mountains* zu herrlichen ◀▶ Aussichtspunkten über den gut 70 km langen Salmon Glacier.

Misty Fjords
National Monument   (117/E 5–6)

★ Das gut 9000 qkm große völlig unerschlossene Schutzgebiet birgt eine spektakuläre Fjordlandschaft: 1000 m hohe Klippen, stille Bergseen und hohe Wasserfälle. *Sightseeingtouren ab Ketchikan mit Alaska Cruises (Tel. 225-60 44) oder Taquan Air (225-88 00)*

PETERSBURG

(**117/D 4**) Das 3500-Seelen-Städtchen auf Mitkof Island lebt vor allem vom Lachsfischfang, wie die vielen *Konservenfabriken (tgl. Führungen)* an der lang gezogenen Harbour Front beweisen. Nach dem Namen zu urteilen, könnte der Ort eine russische Gründung sein, doch weit gefehlt: 1897 wurde er von norwegischen Siedlern unter Führung eines gewissen Peter Buschmann gegründet – daher Petersburg. Und man ist stolz auf die Geschichte: Manche Häuser – etwa am pittoresken *Hammer Slough* – zeigen noch heute *rosemaling,* die typisch norwegische Volksmalerei, und vor der *Sons of Norway Hall* steht ein trutziges Wikingerschiff. Unmittelbar südlich der Stadt verläuft die Fährroute durch die extrem schmalen *Wrangell Narrows,* einen von mehreren spektakulären Abschnitten der Inside Passage.

ÜBERNACHTUNG

Tides Inn
Gutes Motel im Ortszentrum. Einige Zimmer mit Küche. Fahrradvermietung. *46 Zi., First St./*

Krabben satt: Petersburg lebt vom Reichtum des Meeres

Der beste Deal: Wilderness Cabins

Alaska ist teuer, doch es gibt eine Möglichkeit, den Traum vom Wildnisurlaub in der einsamen Hütte am See auch preiswert zu verwirklichen. In den National Forests und National Parks im Süden des Landes stehen weit verstreut im Hinterland etwa 250 Public Recreation Cabins, einfache Blockhütten für bis zu sechs Personen, die pro Nacht nur $ 10–25 kosten – für die ganze Hütte! Schlafsack, Kocher und Proviant bringen Sie selbst mit, ein Kanu oder Ruderboot gehört meist zur Cabin dazu. Allerdings müssen Sie noch die Kosten für den Charterflug (ca. $ 150–300) oder das Boot ($ 100–150) aufbringen, das Sie zur jeweiligen Hütte bringt, doch viele liegen auch an Wanderpfaden. Bis zu sechs Monate vorab können diese Cabins bei den Public Lands Informations Centers (PLICs) reserviert werden, dort erhalten Sie auch eine Liste der verfügbaren Hütten. Aber auch kurzfristig lohnt es sich, in einem der Büros des Forest Service oder im nächsten PLIC nachzufragen: Irgendwo im Hinterland ist auch in den nächsten Tagen noch eine Hütte frei.

Dolphin St., Tel. 772-42 88, Fax 772-42 86, Kategorie 2

TOUREN

Tongass Kayak Adventures
Kajakvermietung und geführte Tagestouren. Mehrtägige Fahrten im Stikine-Delta. *P.O. Box 2169, Tel. 772-46 00, Fax 772-39 40*

Viking Travel
Reservierungsbüro für Walbeobachtungsfahrten, Angelcharter und Ausflüge zum *LeConte Glacier,* dem südlichsten Gletscher Alaskas, der ins Meer mündet. *Am Hafen, 101 N Nordic Drive, Tel. 772-38 18, Fax 772-39 40*

AUSKUNFT

Petersburg Visitor's Center
Infobüro an der Ecke First St./Fram St., P.O. Box 649, Petersburg, AK 99833, Tel. und Fax 772-46 36, www.petersburg.org

SITKA

(116/B 4) Russland lässt grüßen: Zwar ist die ehemalige zaristische Hauptstadt Alaskas (9200 Ew.) an der Westküste von Baranof Island heute eine durch und durch amerikanische Stadt, aber man sieht sich gern als Außenposten des kolonialen Russlands: Die Shops verkaufen also Babuschkapuppen, die Folkloretruppe der New Archangel Dancers zeigt russische Tänze, und der Priester der detailgenau rekonstruierten *St. Michael's Cathedral* ist stolz auf seine originalen Ikonen.

Vom 🔆 *Castle Hill,* wo Gouverneur Baranof einst bei der Stadtgründung 1804 seine Residenz erbaute, bietet sich ein herrlicher Blick über die Stadt, die vorgelagerten Inseln und auf Sitkas Hausberg, den Vulkan *Mt. Edgecomb.* Auf dem Castle Hill wurde 1867 auch der Kauf Alaskas beurkundet und die amerikanische Flagge erstmals aufgezogen. Im *Centennial Building* am Hafen können Sie im kleinen *Isabel Miller Museum (im Sommer tgl. 9–17 Uhr, Eintritt frei)* ein Modell der Stadt zu jener Zeit sehen.

BESICHTIGUNGEN

Alaska Raptor Center
Ein »Pflegeheim« und Aufzuchtzentrum für Weißkopfseeadler und andere Greifvögel: eine gute Gelegenheit, die herrlichen Vögel von nahem zu betrachten. *1101 Sawmill Creek Rd., im Sommer tgl. 9–16 Uhr, Eintritt $ 10*

Sitka National Historical Park
Sehr schöne bunt bemalte Totempfähle und Schautafeln erinnern in der großen ☆ Parkanlage an das alte Dorf der Tlingit-Indianer, das 1804 von den Russen zerstört wurde. Dem Visitor Center angeschlossen ist eine *Schnitzwerkstatt,* in der Sie den indianischen Künstlern zusehen können. *Am Ostende der Lincoln St., tgl. 8–17 Uhr, Eintritt frei*

MUSEEN

Russian Bishops House
Die originalgetreue Einrichtung des Bischofssitzes aus dem Jahr 1842 zeigt sehr anschaulich das Leben der russischen Kolonialherren vor 150 Jahren. *Lincoln St., im Sommer tgl. 9–13 und 14–17 Uhr, Eintritt $ 3*

Sheldon Jackson Museum
★ Hervorragende völkerkundliche Ausstellungen über die Ureinwohner Alaskas: Schnitzereien der Tlingit, Kajaks der Aleuten und Masken der Eskimos. Das gleichnamige College,

auf dessen Gelände das Museum steht, ist übrigens die älteste Schule Alaskas. *104 College Drive, im Sommer tgl. 9–17 Uhr, Eintritt $ 3*

ÜBERNACHTUNG

Alaska Ocean View B & B
☆ Ruhige kleine Pension mit Blick über die Bucht. Verschiedene Tourangebote. *3 Zi., 1101 Edgecumbe Drive, Tel. 747-83 10, Fax 747-34 40, Kategorie 2*

Westmark Shee Atika
Modernes First-Class-Hotel im Zentrum. Geschmackvoll mit indianischer Kunst eingerichtet. Gutes Restaurant und Bar. *101 Zi., 330 Seward St., Tel. 747-62 41, Fax 747-54 86, Kategorie 1*

TOUREN

Baidarka Boats
Kajakvermietung und geführte eintägige Paddeltouren durch die Fjorde bei Sitka. *201 Lincoln St., Sitka, AK 99835, Tel. 747-89 96*

Sitka's Secrets
Bootstouren in Kleingruppen zur Beobachtung von Ottern, Walen, Vogelkolonien und Adlern. *500 Lincoln St., Tel. 747-50 89*

AUSKUNFT

Sitka Visitors Bureau
Infobüro im Centennial Building am Hafen, P.O. Box 1226, Sitka, AK 99835, Tel. 747-59 40, Fax 747-37 39, www.sitka.org

SKAGWAY

(116/B 1) Skagway, der nördlichste Hafenort der Inside Passage, war vor 100 Jahren das Ziel der Goldgräber und hatte damals mehr als 20 000 Einwohner. Jedoch nur kurzfristig, denn die Abenteurer mussten von hier im Winter über den schwierigen Chilkoot Pass, um zum Frostaufbruch auf dem Yukon River weiter zum Klondike ziehen zu können. Skagway muss ein wildes Städtchen gewesen sein: ein kunterbuntes Durcheinander von Läden und Saloons, Freudenhäusern und Pferdeställen. Die berüchtigte Bande des Soapy Smith nahm gutgläubigen Neuankömmlingen ihr Geld ab, und Schießereien waren an der Tagesordnung. Sogar eine Eisenbahn wurde 1900 von Skagways Hafen am Ende des Lynn Canal nach Whitehorse im kanadischen Yukon Territory gebaut.

Schon nach drei Jahren war jedoch der Goldrausch vorüber – Skagway überlebte nur als kleine Bahnstation für Erztransporte. 1981 wurde eine Straße über den White Pass ins kanadische Yukon Territory gebaut, sodass man nun auf den Spuren der Goldgräber ins Landesinnere reisen kann.

Heute leben in dem malerisch zwischen Bergen eingekeilten Ort wieder rund 800 Menschen, ein neuer Boom hat eingesetzt: Tourismus. Nostalgie ist Trumpf, wie die restaurierten Bauten am Broadway, der Hauptstraße Skagways, beweisen. Allerdings beherbergen sie keine Freudenhäuser mehr, sondern Souvenirläden. Tagtäglich legen im Sommer große Kreuzfahrtschiffe im Hafen an, und ein Strom von Tagesbesuchern ergießt sich über die Stadt. Trotz des Rummels: Ein Bummel zu den Stätten des Goldrauschs lohnt sich. Im Visitors Bureau am Broadway ist eine Walking Tour Map erhältlich, die alle historischen Bauten zeigt – bis hin zum Goldgräberfriedhof, auf dem auch Soapy Smith zu finden ist. Er starb standesgemäß durch eine Kugel.

MUSEEN

Klondike Gold Rush National Historical Park

Ausgezeichnete Ausstellungen über die Goldgräberzeit im alten Bahnhof. Filmvorführungen. Geführte Rundgänge. *Broadway/2nd Av., im Sommer tgl. 8–20, sonst 8–17 Uhr, Eintritt frei*

Trail of '98 Museum

Ein witziges Sammelsurium von Relikten der Goldgräber. Schöne historische Fotos. *Im Obergeschoss des Rathauses an der 7th Av., im Sommer tgl. 9–17 Uhr, Eintritt $ 2*

RESTAURANT

Historic Skagway Inn

Gepflegtes Dinnerrestaurant in einem ehemaligen Bordell aus dem Jahr 1897. Angeschlossen ist ein B & B Inn *(12 Zi., Fax 983-27 13). 7th Av./Broadway, Tel. 983-22 89, Kategorie 2*

EINKAUFEN

Ob T-Shirt oder Goldnugget, wer in den Läden am Broadway nicht fündig wird, macht etwas falsch – auch wenn es manchmal schwer ist, Schönes zwischen all dem Kitsch zu entdecken. Einen Blick verdienen die Ausstellungen von Walrosselfenbein bei *Corrington's (Broadway/5th Av.)* und die Mokassins und Rentierhandschuhe in der *Made in Skagway Gallery (Broadway/7th Av.).*

Am Broadway von Skagway regiert die Goldgräbernostalgie

ÜBERNACHTUNG

Golden North Hotel

Das älteste Hotel in Alaska. Ohne großen Komfort, aber abends, wenn die Kreuzfahrer ausgelaufen sind, sehr stimmungsvoll. *31 Zi., Broadway/3rd Av., Tel. 983-22 94, Fax 983-27 55, Kategorie 2*

Wind Valley Lodge

Modernes Motel am nördlichen Ortsrand. Restaurant. *29 Zi., 22nd St./State St., Tel. 983-22 36, Fax 983-29 57, Kategorie 2*

TOUREN

Chilkoot Trail

★ 53 km führt der legendäre Pfad der Goldgräber von Dyea, einem fast völlig verschwundenen Camp bei Skagway, über den 1067 m hohen Chilkoot Pass nach Bennet im kanadischen Yukon Territory – eine überaus schöne und beliebte Wanderung. Zeitbedarf: etwa vier Tage. Aus-

kunft über den Trail und die nötigen Permits vorab bei *Klondike Gold Rush National Historical Park, P.O. Box 517, Skagway, AK 99840, Tel. 983-29 21, Fax 983-20 46.*

AM ABEND

Red Onion Saloon

◉ Eine Institution mit schöner alter Bar und Livemusik. Tagsüber Kreuzfahrttouristen. Die *locals* kommen abends. *Broadway/2nd Av.*

AUSKUNFT

Skagway Visitors Bureau

Broadway, P.O. Box 1025, Skagway, AK 99840, Tel. 983-28 54, Fax 983-38 54, www.skagway.org

ZIEL IN DER UMGEBUNG

White Pass & Yukon Route   (112/C 5–6)

Ein Leckerbissen für Bahnfans: Die historische Schmalspurbahn schnauft wie anno 1900 den 🔻

White Pass hinauf ins kanadische Yukon Territory. Buszubringer nach Whitehorse. *P.O. Box 435, Tel. 983-22 17, Fax 983-27 34*

WRANGELL

(**117/D 4**) Der bereits 1834 von den Russen gegründete Fischer- und Handelsort (2400 Ew.) ist vom Tourismus noch kaum entdeckt. Verträumt liegt er, umrahmt von grünen Bergen und herrlichen Fjorden, nahe der Mündung des mächtigen Stikine River. Nur im kleinen ✪ Hafen geht es den ganzen Tag geschäftig zu. Von hier laufen die Tourboote aus, mit denen man ins breite Fluss- delta vordringen kann, um Elche, Robben und Adler zu beobach- ten. Im Ort selbst sind das kleine, aber gehaltvolle *Wrangell Museum* (*geöffnet nach Bedarf*) zur Ge- schichte der Region sehenswert sowie *Chief Shakes Island,* eine kleine Insel im Hafen, auf der ein reich verziertes Clanhaus der Tlingit-Indianer rekonstruiert wurde. Bei einem Bummel am *Petroglyph Beach* kann man auf den dunklen Felsen zahlreiche uralte Ritzzeichnungen entdecken, und am *Hafenpier* verkaufen die Kin- der des Orts Granatkristalle.

Stikine Inn
✪ Einfaches Hotel mit Blick über den Hafen. Restaurant, ✪ Bar. *34 Zi., P. O. Box 990, Tel. 874- 33 88, Fax 874-39 23, Kategorie 2*

Zimovia
Rustikale Lodge etwas außerhalb mit großem Angebot an Angel- charters, Raft- und Jetboottouren auch für Lachsangler und Kanu- fahrer am Stikine River. *10 Zi., P. O. Box 1199, Tel. 874-26 26, www.seapac. net/~akrugo, inkl. Voll- pension Kategorie 1–2*

Wrangell Visitor Center
P.O. Box 49, Wrangell, AK 99929, Tel. 874-39 01, Fax 874-39 05, www.wrangell.com

Anan Creek (117/D 5)
Von Mitte Juli bis September kommen zahlreiche Grizzlies und Schwarzbären an diesen Bach zum Lachsefischen (ge- führte Touren ab Wrangell und Ketchikan). *Knapp 60 km südlich von Wrangell*

Weißkopfseeadler: Amerikas Wappenvögel

Alaska ist die letzte Bastion der amerikanischen Weißkopfsee- adler: Gut 40 000 leben an Küsten und Seen. Die stolzen Tiere sind mit mehr als 2 m Flügelspannweite die größten Raubvögel Nordamerikas. Sie werden an die 40 Jahre alt und bleiben ihrem Partner ein Leben lang treu. Ihren weißen Kopf bekommen sie erst im Alter von 5 Jahren mit der Geschlechtsreife. Auf eine ihrer Lieblingsspeisen, Lachse, ist die weltweit größte Ansamm- lung der Adler zurückzuführen: Von Ende Oktober bis Januar drängen sich am Chilkat River bei Haines bis zu 4000 Tiere – ein einzigartiges Schauspiel für Ornithologen und Fotografen.

Wo alle Straßen enden

*Wilde Natur, einsame Tundra und windumtoste Inseln –
jede Reise muss sorgfältigst geplant sein*

Die Alaskaner sagen zum riesigen, weitgehend menschenleeren Hinterland ihres Staates einfach *bush* und meinen damit all jene Orte, Inseln und Regionen, die nicht auf Straßen zu erreichen sind. Und das ist der allergrößte Teil ihres Landes. Von der weit in den Nordpazifik hinausragenden Inselkette der Aleuten über die immensen Marsch- und Seenlandschaften des Yukon-Deltas, die steinigen Küsten an der Beringstraße und die Gipfel der Brooks Range reicht dieses gewaltige Buschalaska weit hinauf in die kargen arktischen Tundraebenen am Polarmeer.

Überall wilde Naturlandschaften, in denen der Mensch noch kaum in die Balance der Ökosysteme eingegriffen hat und die heute glücklicherweise unter Schutz stehen: Karibuherden von mehreren Hunderttausend Tieren durchstreifen die Täler des Kobuk Valley National Park wie seit Jahrtausenden. Millionen

Im Juli ist der Bär los: Wenn die Lachse kommen, fischen die Braunbären an den Wasserfällen im Katmai National Park

von Wasservögeln kommen jeden Sommer ins Yukon Delta National Wildlife Refuge, um dort zu brüten. An den Lachsflüssen im Katmai National Park und auf Kodiak Island drängeln sich die riesigen Braunbären Alaskas und beachten die staunenden Menschlinge kaum, die sie in ihrem Reich besuchen.

Mit seinen wilden Flüssen, Bergen und Küsten ist Buschalaska ein letztes Paradies dieser Erde, ein Paradies für Naturliebhaber, Vogelfreunde und Wildnisfreaks. Doch einfach so zum Sightseeing zu reisen ist schwierig – und teuer. In manche Gebiete kann und sollte man nur auf geführten Touren vordringen – nicht zuletzt, um die ursprüngliche Natur auch so zu belassen. In andere Regionen kann man – nach sorgfältiger Planung, mit guter Ausrüstung und in bester Kondition – auch auf eigene Faust vordringen. Die vielfach angebotenen (teuren) Kurztrips sind mit Vorsicht zu genießen: Ein dreitägiger Besuch auf den Pribilofs oder bei den Bären von Katmai und Kodiak ist für Naturfreunde durchaus ein spektakuläres Erlebnis. Eine Eintagestour

MARCO POLO TIPPS FÜR BUSCHALASKA

1 Board of Trade Saloon
Die wildeste Bar diesseits von Sibirien: die Umgangsformen sind so rau wie das Leben in dieser Gegend (Seite 77)

2 Kodiak-Bären
Bären und Lachse: schöner kann auch kein Dokumentarfilm sein (Seite 76)

3 Pribilof Islands
Besuch bei Pelzrobbenkindern und bei unzähligen Zugvogelarten (Seite 77)

4 Valley of Ten Thousand Smokes
Eine vulkanische Urlandschaft aus Asche: riesige Braunbären inklusive (Seite 76)

etwa nach Barrow verkommt dagegen zu Voyeurismus und touristischer Massenware. Nur wenn man mehrere Tage bleiben würde, könnte man in diesen tristen Eskimodörfern am Rand der Welt einen Hauch von Verständnis entwickeln für die Menschen und ihre Probleme. Der Verfall ihrer traditionellen Kultur und der Sinnverlust in ihrem Leben haben die Ureinwohner dieses herrlichen Landes schwer getroffen.

ALEUTIAN ISLANDS

(**O**) Von der Südspitze der Alaska Peninsula spannt die vulkanische Aleutenkette einen 1600 km langen Bogen bis fast nach Sibirien. Regen, Nebel und Stürme bestimmen das Klima auf den rund 200 Inseln an der Grenze zwischen Pazifik und Beringsee. Nur vier der Eilande sind heute besiedelt, nachdem zuerst die Russen die aleutischen Ureinwohner verschleppten und später, im Zweiten Weltkrieg, die US Army die übrige Bevölkerung umsiedelte, als die Japaner zwei Inseln okkupierten. Mit 3000 Einwoh-

nern (im Sommer) ist *Unalaska/ Dutch Harbor* heute die größte Siedlung und der wichtigste Hafen für den reichen Fischfang in der Beringsee. Fast die gesamte Inselkette ist heute Vogelschutzgebiet – und nur sehr schwer zu bereisen. Einige Expeditionskreuzfahrtschiffe kommen im Sommer, und einmal im Monat fährt ein Schiff aus der Flotte des *Alaska Marine Highway* von Homer nach Dutch Harbor.

BARROW

(**O**) Nur wer wirklich mal den Finger ins Polarmeer stecken möchte, sollte die lange Flugreise zum nördlichsten Ort Alaskas (4000 Ew.), gut 500 km nördlich des Polarkreises, antreten. Durch die Ölvorkommen der etwas weiter im Osten gelegenen Prudhoe Bay (Besuch nur im Rahmen von organisierten Touren möglich) sind die Inupiat-Eskimos hier zwar wohlhabend geworden, doch trotz zahlreicher moderner Bauten macht der Ort einen recht tristen, melancholischen Eindruck – er liegt eben am Ende der Welt.

GATES OF THE ARCTIC NATIONAL PARK

(**O**) 34 000 qkm unberührte Bergwildnis, keine Straße, kein Wanderweg – der größte National Park im Norden Alaskas umfasst einen maßgeblichen Teil der bis auf 2600 m aufragenden Brooks Range. Im – leider arg kurzen – Sommer überzieht ein Teppich von Wildblumen die Tundra, im Herbst ziehen die Karibus durch die Täler nach Süden, und dann herrscht für acht Monate wieder eisiger Winter. Ausgangspunkte für alle Touren sind die beiden Winzlingsorte *Bettles* und *Anaktuvuk Pass.* Machbar sind vor allem Kanu- und Raftexpeditionen auf Wildnisflüssen wie dem Alatna, Koyukuk und dem Noatak River.

TOUREN

Sourdough Outfitters
Geführte Wander- und Rafttrips im Park und in anderen Wildnisgebieten des Nordens. Auch Vermietung von Ausrüstung und Tourplanung. *P.O. Box 26066, Bettles, AK 99726, Tel. 692-52 52, Fax 692-55 57*

AUSKUNFT

Gates of the Arctic National Park
201 First Av., Fairbanks, AK 99707, Tel. 456-02 81, Fax 456-04 52

KATMAI NATIONAL PARK

(**115/D–E 2–3**) Das 16 000 qkm große Schutzgebiet auf der Alaska Peninsula wurde nach einem

Alles Asche: Wanderpause im Valley of Ten Thousand Smokes

gewaltigen Vulkanausbruch 1912 geschaffen: 200 m hoch wurde die Region nördlich des Novarupta-Kraters von einer Ascheschicht überdeckt, aus der es noch lange schwefelig dampfte – das spektakuläre ★ *Valley of Ten Thousand Smokes* war geboren (geführte Bustouren und gute Wandermöglichkeiten). Daneben ist der Park heute aber auch wegen seiner Braunbären berühmt, die zu Dutzenden entlang der Küste und am Brooks River nach Lachsen fischen. Von einer ⬥ Aussichtsplattform an den *Brooks Falls* lassen sich die zotteligen Muskelpakete herrlich beobachten. Allerdings muss ein Aufenthalt in der *Brooks Lodge (16 Zi., inkl. Vollpension Kategorie 1)* nahe der Fälle lange vorab (am besten über das Reisebüro) reserviert werden, aber auch Tagestouren von Anchorage aus sind möglich.

KODIAK ISLAND

(115/E–F 3–4) Nur der dicht bewaldete Nordteil von Alaskas größter Insel ist mit einigen Straßen erschlossen, und zwar rund um die Hauptstadt Kodiak (6500 Ew.), einen geschäftigen, 1784 von den Russen gegründeten Hafenort. Fast der gesamte übrige Teil der 9300 qkm großen gebirgigen Insel ist ein Wildnisschutzgebiet mit großen Tundraflächen im Süden, langen felsigen Stränden – und rund 3000 Braunbären, den berühmten, bis zu 700 kg schweren *Kodiak Bears,*

der größten Grizzlyart der Welt. Mehrere kleine Chartergesellschaften bieten ★ *Touren zur Beobachtung der Giganten* an, die sich im Sommer an den Lachsflüssen sammeln: z. B. *Uyak Air (Tel. 486-3407)* oder *Sea Hawk Air (Tel. 486-8282)*.

In Kodiak erläutert das *Baranof Museum (im Sommer Mo-Sa 10–16 Uhr, So 12-16 Uhr)* im alten Pelzlagerhaus die russische Geschichte der Stadt, das *Alutiq Center (geöffnet nach Bedarf)* zeigt Kajaks und Flechtwaren der aleutischen Kultur der Insel. Im *Fort Abercrombie State Park* gibt es neben einem schönen Campingplatz Wanderwege entlang der Felsküste. *Lachsangler* können sich in einer der zumeist sehr angenehmen Lodges im Hinterland einmieten.

KOTZEBUE

(O) Das uralte Eskimodorf auf einer flachen Halbinsel an der Beringstraße liegt fast exakt am Polarkreis. 1816 stieß Otto von Kotzebue, deutscher Seefahrer und Forscher in russischen Diensten, auf diese Siedlung, die später nach ihm benannt wurde. Rund 3000 Menschen leben heute hier, überwiegend traditionell von Jagd und Fischfang – doch mit modernen Annehmlichkeiten wie Fertigbauhäusern und Schneemobilen. Kotzebue ist das Sprungbrett für Kajakfahrten entlang der Beringküste, für

Wildnistouren in den völlig abseits gelegenen *Kobuk Valley National Park* und Raftfahrten auf dem Noatak River.

Nana Museum of the Arctic

Ausstellungs- und Kulturzentrum der Inupiat-Eskimos, die auch Tänze und Gesänge darbieten. *Von Mai bis September zu Führungen geöffnet, Eintritt $ 25*

NOME

(O) Ein Durcheinander von Westernfassaden und Fertighäusern, dazu eine ebenso bunte Mixtur von Eskimos und Weißen – das raue 4500-Seelen-Städtchen ist von allen Buschorten der Arktis der interessanteste: 20 000 Goldgräber lebten hier um 1900, nachdem im schwarzen Sand am Ufer des Norton Sound Gold entdeckt worden war. Noch heute zeugen die Gerippe alter Waschanlagen *(dredges)* und Bergbaulokomotiven vom damaligen Boom. Das kleine *Carrie McLain Museum (im Sommer tgl. 12–20 Uhr)* in der städtischen Bibliothek illustriert die wilde Zeit.

Die Goldgräber hinterließen auch ein rund 400 km langes Netz von Schotterpisten, das in ❧ die Berge und die Tundra ringsum führt. Mieten Sie ein Auto, oder wandern Sie: zum Eskimodorf *Teller,* zu den *Pilgrim Hot Springs,* einer Oase in der Wildnis mit heißen Quellen, oder im Hinterland auf den Spuren der Moschusochsen und Rentiere. Oder holen Sie sich eine Waschpfanne: Noch heute wird am Strand eifrig – und teils erfolgreich – nach Gold gesucht.

Nome Nugget Inn

Sauberes, rustikales Hotel direkt am Meer. Restaurant. *47 Zi., Front St., Tel. 443-23 23, Fax 443-59 66, Kategorie 2*

Nightlife hat Tradition in Nome – aber es kann rau werden. Probieren Sie mal den ★ *Board of Trade Saloon* an der Front St.

Nome Visitors Bureau

P.O. Box 240, Nome, AK 99762, Tel. 443-55 35, Fax 443-58 32, www.nomealaska.org

PRIBILOF ISLANDS

(O) ★ Saint George und Saint Paul, die beiden winzigen, weit abseits gelegenen Inseln inmitten der Beringsee, sind ein legendäres Tierparadies – eine Art Galapagos des Nordens. Ein russischer Pelzhändler entdeckte die Inseln 1768. Hunderttausende von Pelzrobben bringen im Juli an den Kiesstränden der Inseln ihre Jungen zur Welt. Wissbegierige Vogelfreunde können in den Steilklippen Kolonien von mehr als zwei Mio. Seevögeln bewundern, Lummen und Alke und rund 200 weitere Zugvogelarten.

Camping ist nicht erlaubt. Die einzige Möglichkeit, die von aleutischen Fischern bewohnten Inseln zu besuchen, besteht im Rahmen von mehrtägigen geführten Touren mit Übernachtung im einzigen Inselhotel von Saint Paul, wie sie zahlreiche Veranstalter anbieten.

Auf Jack Londons Spuren

Der Ruf der Wildnis ist nirgendwo deutlicher zu vernehmen als im kanadischen Yukon Territory, dem Reich der Goldgräber

Für Romantiker und Abenteurer ist das Yukon (seine offizielle Bezeichnung lautet Yukon Territory) in der äußersten Nordwestecke Kanadas das schönste Ziel des Nordens. Hier liegen die legendären, heute fast schon wieder vergessenen Schauplätze des größten Goldrauschs aller Zeiten: Dawson City und der Klondike. Hunderttausende Abenteurer aus aller Welt machten sich um die Wende zum 20. Jh. zu den Goldfeldern des Nordens auf und mühten sich unter unendlichen Strapazen durch die Wildnis, um reich zu werden. Doch nach wenigen Jahren war der Rausch vorbei, es blieben nur Erinnerungen. Jack London und Robert Service, der »Barde des Klondike«, haben den großen Goldrausch vor 100 Jahren in Romanen und Gedichten verewigt, Charlie Chaplin drehte sogar einen Filmklassiker darüber.

Goldgräbernostalgie können Sie im Yukon noch heute reichlich erleben, doch daneben gibt es auch viel Wildnis und gran-

Es lohnt sich immer noch …

diose Landschaft zu entdecken. Im Süden ragen die St. Elias Mountains auf mit dem höchsten Berg Kanadas, dem 5959 m hohen Mt. Logan. Wie eine mächtige Barriere schirmen sie das Landesinnere vor den Wolken des Pazifiks ab und sorgen für beständig sonniges Wetter. Im weiten Norden wird die Tundralandschaft immer wieder von Mittelgebirgen durchbrochen, durch deren Täler wie seit Urzeiten riesige Karibuherden ziehen.

Nur der Südteil des 483 000 qkm großen Yukon ist etwas erschlossen, dort leben die meisten der etwa 31 000 Einwohner – zwei Drittel davon in der einzigen größeren Stadt, der Hauptstadt Whitehorse. Die rund 6000 Dene-Indianer im Yukon wohnen zumeist weit verstreut in kleinen Orten des Hinterlands – neuerdings auf eigenem Land, das sie der Bundesregierung in langen Verhandlungen abgetrotzt haben.

Wichtigste Verkehrsverbindung ist nach wie vor der – heute vollständig asphaltierte – Alaska Highway, der im Zweiten Weltkrieg 1942 in nur acht Monaten von der US Army in Zusammenarbeit mit den Kanadiern gebaut wurde. Von ihm ausgehend führen Wildnisstraßen ins Hinterland: die Canol Road etwa in die einsamen Mackenzie Mountains, der Klondike Highway zum historischen Goldgräberland Jack Londons um Dawson City und nach Süden zum alaskanischen Hafen Skagway.

Aber Sie müssen nicht nur auf den Highways bleiben: Eine gemütliche, knapp einwöchige Paddeltour auf dem Yukon River von Whitehorse nach Dawson City, eine Wanderung auf den Spuren der Goldgräber über den Chilkoot Pass oder eine spritzige Wildwasserfahrt im Kluane National Park zeigt die Natur des Yukon Territory von ihrer schönsten Seite.

ATLIN, B.C.

(116/C 1) ★ 🌿 Vor allem wegen seiner herrlichen bergumrahmten Lage am gleichnamigen See lohnt Atlin den rund 100 km langen Abstecher vom Alaska Hwy. Das malerisch verwitterte Gold-

gräberdorf, das schon 1898 während des großen Klondike Gold Rush gegründet wurde, liegt zwar eigentlich noch in British Columbia, ist aber nur vom Yukon aus erreichbar. Heute leben rund 400 Menschen in und um Atlin: Goldgräber, Künstler, Aussteiger. Nicht verpassen sollten Sie hier einen Rundflug über die gletscherbedeckten Coast Mountains: z.B. mit *Summit Air Charter, Tel. 250/ 651-76 00.*

Noland House
Ein stilvoll renoviertes historisches Haus, das zum B & B Inn umgebaut wurde. *4 Zi., P.O. Box 135, Atlin, Tel. und Fax 250/651-75 85, Kategorie 2*

DAWSON CITY

(112/A 2) Die Goldgräberzeit lebt fort in dieser Fast-Geisterstadt (2000 Ew.), die einst als »Paris des Nordens« gefeiert wurde. Rund 30 000 Menschen wohnten zur Zeit des Klondike Gold Rush um 1900 in der Stadt: Abenteurer

MARCO POLO TIPPS FÜR YUKON/ALASKA HIGHWAY

1 Atlin
Spektakuläre Berglandschaft und Goldgräberflair wie einst (Seite 80)

2 Dempster Highway
Eine 700 km lange Wildnisroute von Dawson City ins Mackenzie-Delta (Seite 82)

3 »SS Klondike«
Eine stolze Lady der Yukon-Schifffahrt (Seite 85)

4 Wildwassertour im Kluane National Park
Der Tatshenshini River ist der schönste Wildwasserfluss des Nordens (Seite 84 und 86)

Dawson City: Diamond Tooth Gertie und ihre Can-Can-Girls

und Tanzmädchen, Ingenieure und Saloonbesitzer. Bis heute prägen Brettergehsteige und verwitterte Holzfassaden im Wildwestlook das Stadtbild Dawsons. In der *Diamond Tooth Gertie's Gambling Hall* tanzen Can-Can-Girls, im *Palace Grand Theatre* werden Melodramen aufgeführt, und in der ehemaligen *Hütte von Jack London* liest der »wieder auferstandene« Jack aus seinen Romanen.

Viele der renovierten alten Bauten können besichtigt werden, so etwa das *Postamt* an der *King Street,* die verblüffend elegante *Commissioners Residence, Harrington's Store* an der *3rd Avenue (Fotoausstellung)* oder auch der historische *Schaufelraddampfer »SS Keno«* am Ufer des Yukon River. Der schönste ✿ Blick über die Stadt bietet sich vom *Midnight*

Dome, einem Hügel, auf den eine gewundene Schotterstraße führt.

Das Städtchen an der Mündung des Klondike River in den Yukon lebt zwar heute vom Tourismus, aber in der Umgebung schürfen immer noch einige Unentwegte nach Gold. Und noch heute geht es am Samstagabend in den Saloons hoch her, wenn die Miners in die Stadt kommen und ihren Wochenfund feiern.

MUSEEN

Dawson City Museum

Mit historischen Fotos und allerlei Bergbaugerät wird die große Ära der Stadt nachgezeichnet. Jeden Tag Vorführungen von historischen Filmen, Diashows und Goldwaschgerät. *5th Av./Church St., im Sommer tgl. 10–18 Uhr, Eintritt kan $ 4*

Robert Service Cabin

Die originalgetreu eingerichtete Blockhütte des Klondike-Barden stammt aus dem Jahr 1898. Um 10 und 15 Uhr ersteht – in Gestalt eines Schauspielers – der Meister zum Leben auf und liest aus seinen humorvollen Balladen. *8th Av./Mission St., im Sommer tgl. 9 bis 17 Uhr, Eintritt kan $ 6*

Klondike Kate's

Gemütliches altes Lokal. Terrasse. Große Speisekarte und guter Kaffee. *3rd. Av./King St., Tel. 867/993-65 27, Kategorie 2*

Dawson City Bunkhouse

Einfache Zimmer in einem neuen, aber auf historisch getrimmten Haus. Dusche am Gang. *16 Zi., Princess St., Bag 4040, Dawson City, Tel. 867/993-61 64, Fax 993-60 51, Kategorie 2*

Eldorado

Seit langem die erste Adresse in Dawson. Die 52 Zimmer sind modern und komfortabel, aber nicht übermäßig luxuriös. Restaurant und Saloon. *3rd Av./Princess St., Tel. 867/993-5451, Fax 993-5256, Kategorie 1*

Fifth Avenue B & B

Moderne, sehr saubere Pension neben dem Museum. *4 Zi., 5th Av./Mission St., Tel. und Fax 867/993-59 41, Kategorie 2*

Visitor Reception Centre

Das Besucherzentrum bietet eine Diashow und Führungen durch die Stadt. *Front St./King St., Tel. 867/993-55 66, Fax 993-64 49, www.dawsoncity.org*

Bonanza Creek   (112/B 2)

In diesem Seitental des Klondike River wurde im August 1896 das erste Gold entdeckt. Gewaltige Schutthalden und eine riesige alte Goldwaschanlage, die *Dredge No. 4*, zeugen von den Anstrengungen der Goldgräber.

Top of the World Highway   (112/A–B 1–2)

Die schönste Verbindung zwischen Alaska und dem Yukon: 270 km Panoramafahrt über einsame Bergkuppen, durch grüne Täler, Goldgräberreviere und unendliche Wälder. Nur ein einziger »Ort« liegt am Wegesrand, das alte Bergbaunest *Chicken* mit offiziell 37 Einwohnern. Der kanadische Teil der Strecke ist geteert, in Alaska wird es holprig.

DEMPSTER HIGHWAY

(112/B 1–2, 109/F3) ★ Über 700 km führt diese Wildnisstraße von Dawson City durch weithin menschenleere Tundraregionen nordwärts über den Polarkreis bis ins Mackenzie-Delta. Nur zwei winzige Indianerdörfer und eine Tankstelle findet man auf der gesamten Strecke am Wegesrand, sonst nichts als arktische Wildnis: Taigalandschaften zu Anfang der Strecke, bis weiter nördlich in den Richardson Mountains die Piste durch Tundra mit zahllosen Wildblumen verläuft. Besonders schön ist die Fahrt durch diese Landschaft zur Zeit der Herbstfärbung Anfang September.

Endpunkt der Strecke ist *Inuvik*, ein Städtchen wie aus dem Baukasten: Die Häuser der größten Stadt in der westlichen Arktis sehen bunt wie Ostereier aus. Rund 3000 Menschen – Inuit, Dene und Weiße – leben hier am Ostrand des gewaltigen Mackenzie-Deltas und machen dem Ortsnamen »Platz des Menschen« alle Ehre.

Sehenswert ist die in Igluform gebaute Kirche. Ringsum lohnen sich Flugtouren in die weitere Umgebung: etwa zum Trapperort *Aklavik* im 80 km breiten Flussdelta, zur alten *Walfängerstation auf Herschel Island* oder zur Inuitsiedlung *Tuktoyaktuk* an der Polarmeerküste sowie zu den Herden von Moschusochsen auf *Banks Island* um den Inuitort *Sachs Harbour.*

ÜBERNACHTUNG

Eagle Plains Hotel
Die einzigen zu mietenden Betten im Umkreis von 300 km: ein sauberes, freundliches Containerhotel mit Restaurant und Bar. *32 Zi., bei km 371, Tel. und Fax 867/993-24 53, Kategorie 2*

Mackenzie Hotel
Modernes Hotel mit Restaurant und Pub. *55 Zi., P.O. Box 1618, Inuvik, Tel. 867/777-28 61, Fax 777-33 17, Kategorie 1–2*

TOUREN

Arctic Nature Tours
Flugexkursionen in das Mackenzie-Delta, nach Herschel Island und in die National Parks des nördlichen Yukon Territory. *P.O. Box 1530, Inuvik, Tel. 867/777-33 00, Fax 777-34 00, www.arctic naturetours.com*

KLUANE NATIONAL PARK/ HAINES JUNCTION

(112/A–B 4–5) Der winzige bergumrahmte Ort *Haines Junction* am Alaska Hwy. ist Ausgangspunkt für Touren in den 22 000 qkm großen *Kluane National Park,* eine noch völlig unerschlossene Bergwildnis an der Grenze zu Alaska. Dort, in den eisbedeckten St. Elias Mountains, liegt der *Mt. Logan,* mit 5959 m der höchste Berg Kanadas. Der Alaska Hwy. folgt am Nordrand des Parks dem Ufer des 400 qkm großen ✹ *Kluane Lake,* von dem aus ein Netz von Wanderwegen aller Schwierigkeitsgrade die Vorberge der Kluane Ranges durchzieht. Im Ostteil des Parks, ausgehend vom Haines Hwy., finden Sie am *Lake Kathleen* Campingplätze und ausgedehnte Wanderwege. Im *Visitor Center* des Parks in Haines Junction geben die Ranger Tipps für Wanderungen und Rafttouren auf den Gletscherflüssen. Schön ist auch eine Flightseeingtour über die Gletscher: *Kluane Glacier Tours (Tel. 867/634-29 16).*

ÜBERNACHTUNG

The Cabin B & B
Fünf gemütliche Blockhütten am Ostrand des Kluane National Park. Rund 40 km südlich von Haines Junction. Guter Ausgangspunkt für Wanderungen. *P.O. Box 5334, Haines Junction, Tel. und Fax 867/634-26 26, Kategorie 3*

Cozy Corner
Einfaches und solides Motel am Alaska Hwy. Restaurant im Haus.

12 Zi., P.O. Box 5406, Haines Junction, Tel. 867/634-25 11, Fax 634-21 19, Kategorie 2

Dalton Trail Lodge
Von Schweizern geführte Lodge etwa 40 km südlich des Orts am Rand des Kluane National Park. Angeln, Kanutouren und Ausritte. *15 Zi., P.O. Box 5331, Haines Junction, Tel. und Fax 867/667-10 99, Kategorie 2*

TOUREN

Canadian River Expeditions
6- bis 12-tägige Schlauchbootexpeditionen auf dem ★ Tatshenshini River und anderen Flüssen des Nordens. *Postadresse: P. O. Box 1023, Whistler, Canada, B.C. V0N 1B0, Tel. 604/938-66 51, Fax 938-66 21, www.canriver.com*

Kluane Park Glacier & Heli-Hiking Tours
Helikopterflüge über die Wildnis des Parks, geführte Wanderungen im Hinterland mit Anflug per Helikopter. *Mile 1024, Haines Junction, Tel. 867/668-2177, www.tntaheli.com*

AUSKUNFT

Kluane National Park
Besucherzentren in Haines Junction und bei Sheep Mountain am Alaska Hwy. *Postadresse: P. O. Box 5495, Haines Junction, Canada, YT Y0B 1L0, Tel. 867/634-22 51, Fax 634-72 08*

WATSON LAKE

(**113/F 5**) Seit dem Bau des Alaska Hwy. 1942 ist der Ort (1800 Ew.) im südlichen Yukon Territory ein wichtiger Versorgungsstützpunkt. Aus jener Zeit stammt auch der *Watson Lake Signpost Forest*, ein riesiger Schilderwald mit Ortstafeln aus aller Welt, der angeblich schon während der Bauzeit des Alaska Hwy. von einem an Heimweh leidenden Soldaten begonnen wurde. Direkt daneben zeigt ein modernes *Interpretive Centre* die Geschichte des Alaska Hwy.

ZIEL IN DER UMGEBUNG

Nahanni National Park   (O)
Ein Park für Wildwasserfreaks: der *South Nahanni River* durchströmt auf 320 km die Mackenzie Mountains, stürzt über die 90 m hohen *Virginia Falls* und schäumt durch bis zu 900 m tiefe Schluchten. Geführte Touren z.B. mit *Nahanni River Adventures (P.O. Box 4869, Whitehorse, YT Canada, Y1A 4N6, Tel. 867/668-31 80, Fax 668-30 56).*

WHITEHORSE

(**112/C 5**) Auf einer breiten Uferbank am Yukon River dehnt sich die geschäftige Hauptstadt (24 000 Ew.) des Yukon Territory. Supermärkte, Motels, Restaurants und moderne Bauten drängen sich in der Innenstadt um die Main St. – Zivilisation in der Wildnis. Doch das ist noch nicht lange so: Der Ort entstand erst 1898, als Tausende von Goldsuchern mit Flößen und selbst gebauten Booten durch den Miles Canyon oberhalb der heutigen Stadt kamen, um zu den Goldfeldern am Klondike zu ziehen. Aber erst nach dem Bau des Alaska Hwy. wurde Whitehorse 1953 zur Hauptstadt des Yukon Territory erklärt. Aus touristischer Sicht ist die Stadt heute vor allem ein Versorgungspunkt, der allerdings auch einige historische Sehenswürdigkeiten bieten kann. Auf den Schmalspurschienen der im Jahr 1900 erbauten *White Pass & Yukon Railway* dampft im Sommer ein Ausflugszug von Whitehorse (Buszubringer) durch die Coast Mountains zum Goldgräberhafen Skagway in Alaska, wo der Wanderweg über den berühmten *Chilkoot Pass* beginnt.

tezeit der Yukon-Schifffahrt, der die »gute alte Zeit« lebendig werden lässt. *2nd Av./Yukon River, im Sommer tgl. 9–19 Uhr Führungen, Eintritt kan $ 3,50*

Yukon Transportation Museum

Schneeschuhe, Hundeschlitten, Flugzeuge und alte Jeeps veranschaulichen die Eroberung des Nordens. *Alaska Hwy., am Flughafen, im Sommer tgl. 10–18 Uhr, Eintritt kan $ 4,25*

MUSEEN

MacBride Museum

Historische Fotos und Goldgräbergerät illustrieren die bewegte Geschichte der Stadt. *1st St./Wood St., im Sommer tgl. 10–18 Uhr, Eintritt kan $ 4*

»SS Klondike«

★ Nostalgie pur: ein restaurierter Schaufelraddampfer aus der Blü-

EINKAUFEN

Murdoch's

Schmuck aus Goldnuggets. *207 Main St.*

Northern Images

Hochwertige Inuit-Skulpturen, Kunstdrucke und Pelzparkas, die von den Inuit in den kleinen Dörfern der Polarmeerküste gefertigt werden. *311 Jarvis St.*

Trockengelegt: der Schaufelraddampfer »SS Klondike« in Whitehorse

Edgewater

Kleines modernes Hotel im Zentrum. *30 Zi., 101 Main St., Tel. 867/667-25 72, Fax 668-30 14, Kategorie 1–2*

Town & Mountain

Modernes Hotel im Zentrum. Restaurant und Bar. *30 Zi., 401 Main St., Tel. 867/668-76 44, Fax 668-58 22, Kategorie 1–2*

TOUREN

Kanoe People

Vermietung von Kanus und Ausrüstung für Kanufahrten auf dem Yukon River nach Dawson City. *P.O. Box 5152, Whitehorse, Canada, YT Y1A 4S3, Tel. 867/668-48 99, Fax 668-48 91, www.kanoe.yk.net*

Sky High Wilderness Ranches

Ausritte in die Coast Mountains südlich der Stadt. *P.O. Box 4482, Whitehorse, Canada, YT Y1A 2R8, Tel. 867/ 667-43 21, Fax 668-26 33*

Tatshenshini Expediting

Ein- und mehrtägige Schlauchbootfahrten und Kanutouren auf dem ★ Tatshenshini River und anderen Flüssen. *1602 Alder St., Whitehorse, Canada, YT Y1A 3W8, Tel. 867/633-27 42, Fax 633-61 84*

Wanderlust
Wilderness Adventures

Geführte Wildniswanderungen am Lake Labarge und Kanutouren. Im Winter Hundeschlitten-Expeditionen. *Box 5076, Whitehorse, Canada, YT Y1A 4S3, kein Tel., Fax 867/668-26 33*

AM ABEND

Gute Countrybands können Sie am Wochenende im *Roadhouse Saloon (2163 2nd Av.)* oder in der ✦ *Tavern* der Kopper-King-Tankstelle *(Meile 918,3, Alaska Hwy.)* erleben.

AUSKUNFT

Tourism Yukon

Besucherzentrum 2nd Av./Hanson St. und am Alaska Hwy. neben dem Transportation Museum. *Postadresse: P.O. Box 2703, Whitehorse, Canada, YT Y1A 2C6, Tel. 867/667-53 40, Fax 667-35 46, www.touryukon.com*

Die ständigen Begleiter

Auf jeder Wanderung sind sie dabei, in jedem Zelt oder Camper ist unweigerlich ihr Sirren zu hören. Blutgierige Moskitos werden im Hochsommer draußen in den Wäldern, an Seen und in Sumpfgebieten Ihre ständigen Begleiter sein. Was tun? Locker sitzende Kleidung hilft. Dicke Holzfällerhemden und weite Jeans. Durch eng anliegende Hosen stechen die Biester glatt hindurch. Draußen im Busch verspricht nur ein Moskitonetz Rettung, das vom Hut über Gesicht und Hals herabhängt. Alle frei liegenden Körperteile – auch die nur durch dünne Socken geschützten Fußknöchel – sollten Sie mit einem Mittelchen aus dem Drugstore besprühen. Ein Fläschchen Off, Muskol oder Cutter schützt Sie vor der Gier der Blutsauger.

Trails der Trapper und Goldsucher

Die hier beschriebenen Routen sind in der Übersichtskarte im vorderen Umschlag und im Reiseatlas ab Seite 108 grün markiert

① DIE KENAI-HALBINSEL: GLETSCHER UND FJORDE

Grüne Täler, eisbedeckte Berge und felsumrahmte Meeresarme, in denen sich Robben und Seeotter tummeln – die Kenai-Halbinsel ist das perfekte Ziel für eine kurze Tour ab Anchorage. Und wer länger in Alaska bleibt, kann hier zu Anfang einer Reise die ersten grandiosen Eindrücke vom wilden Nordland sammeln. In 5 bis 6 Tagen ist die 850 km lange Fahrt samt einigen Wanderungen und Bootstouren gut zu schaffen. Beste Reisezeit: dank des milden Klimas von Mitte Mai bis September.

Startpunkt der Reise ist die Metropole *Anchorage (S. 29),* wo am Ostende der Innenstadt der *Seward Highway (Hwy. 1)* beginnt. Shoppingmalls und weitläufige Vororte säumen die Straße, doch nach einer halben Stunde rückt die Natur in den Vordergrund: Mit prachtvollen Aussichten über Fjorde, Berge und Watt folgt der Highway dem Nordufer des lang gestreckten *Turnagain Arm (S. 35).* Halten Sie die Augen offen: An den Klippen über der Straße sind oft Bergschafe und Bären zu sehen. Und in den tosenden Bächen, die in den Fjord münden, laichen im Sommer die Lachse – die parkenden Autos der Angler verraten Ihnen, wo. Tipp: Typisch alaskanischen Proviant wie Räucherlachs und Rentierwurst für die Picknicks der nächsten Tage gibt es bei *Indian Valley Meats* an der Indian Road knapp 40 km von Anchorage.

Ein Stück weiter lohnt sich bei schönem Wetter ein Abstecher zum *Alyeska Resort (S. 34),* wo Sie nach einem Besuch der historischen *Crow Creek Mine* per Gondel zum Panoramablick auf den Gipfel des *Mt. Alyeska* schweben können. Kurz darauf erreichen Sie am Ostende des Turnagain Arm den *Portage Glacier (S. 35),* dessen Schmelzwassersee, von Eisschollen übersät, türkisblau in den Bergen liegt.

Weiter nach Süden: Zwischen grünen Hängen kurvt der Hwy. 1 nun entlang des schäumenden *Granite Creek* und steigt langsam hinauf in die Kenai Mountains. Besonders schön: das breite Tal des *Summit Lake,* wo häufig Elche in den bunt blühenden Wiesen grasen. Wenig später halten Sie sich an der *Tern Lake Junction (Aussichtsplattform zur Vogelbeobachtung)* links und nehmen den Hwy. 9 nach Süden.

Knapp 10 km weiter gibt es Genaueres über die Lachse zu erfahren: In der *Trail Lake Salmon Hatchery* zeigen Schautafeln den Lebenszyklus der Lachse, in großen Becken sind Millionen von fingerlangen Jungfischen zu sehen, und im kleinen Bach gegenüber laichen von Mitte Juli bis in den August die erwachsenen, feuerroten *Sockeye-Lachse.* Von hier ist es noch eine knappe Stunde Fahrt zum Hafenort *Seward (S. 42).* Quartieren Sie sich am besten für zwei Nächte ein, so bleibt Zeit für eine Bootstour in den *Kenai Fjords National Park (S. 43),* für eine Wanderung zum *Exit Glacier* und vielleicht für einen Rundflug über die Gletscher.

Von Seward führt die Route wieder zurück zur Tern Lake Junction und von dort auf dem Hwy. 1 (hier Sterling Highway genannt) nach Westen. Herrliche Picknick- und Campingplätze warten an zahlreichen kleinen Seen, und immer wieder streift die Straße den legendären *Kenai River,* einen der reichsten Lachsflüsse Alaskas. An den Ufern um *Cooper Landing* und beim Örtchen *Sterling* können Sie den Anglern in ihren hüfthohen Gummistiefeln zusehen oder (mit Lizenz) auch selbst einen Blinker in den Fluss werfen.

Vom Versorgungsort *Soldotna (S. 40)* aus zweigt eine Seitenstraße nach *Kenai* ab, einer russischen Gründung. Quer durch das Delta des Kenai River geht es auf der *Kalifornski Beach Road* weiter nach Süden – mit großartigen Ausblicken über den Cook Inlet auf die schneegekrönten Vulkane jenseits der Bucht. Bei *Kasilof* stößt die Straße wieder auf den Sterling Hwy., der nun dem

Steilufer am Westrand der Kenai-Halbinsel nach Süden folgt. Auch hier gibt es Panoramablicke über das Meer, und die dunklen Sand- und Kiesstrände am Fuß der Klippen sind ideal für lange Spaziergänge. Bei *Clam Gulch* können Sie nach leckeren Razor Clams (Muscheln) graben. Ein Stück weiter lohnt ein Besuch der malerisch auf einem kleinen Hügel über dem Meer gelegenen russisch-orthodoxen Kirche des Indianerdorfs *Ninilchik.*

Noch einmal klettert der Sterling Hwy. in die grünen Hügel, dann eine lange Talfahrt, und schon ist *Homer (S. 38)* erreicht – und damit das Ende des Highway. Auch hier lohnt es sich wieder, zwei Nächte zu bleiben. So können Sie einen vollen Tag für eine Bootstour zur Beobachtung von Vögeln, Ottern und Robben verwenden oder für einen Ausflug zum abgelegenen Fischerort *Seldovia (S. 40).* Die knapp 400 km lange Rückfahrt nach Anchorage dauert dann ebenfalls einen Tag.

② DER PANHANDLE: ALASKA ZU WASSER

Die Reise durch den »Pfannenstiel«, jene tiefgrüne, wasserumrahmte Inselwelt im Südosten, bietet ein ganz besonderes Alaska-Erlebnis. Auf der berühmten Inside Passage, der Wasserstraße der Goldgräber, führt die Route durch einzigartige Fjordlandschaften, zu bunten Fischerorten und altrussischen Städten. Ein Auto ist nicht unbedingt nötig – per Kreuzfahrtschiff oder auf den staatlichen Fähren des Alaska Marine Highway lässt sich die Region bestens bereisen. 2 bis 3 Tage dauert

die Fährfahrt, doch es lohnt sich, in einzelnen Orten Zwischenstopps von je 1 bis 2 Tagen einzuplanen.

Kreuzfahrtschiffe beginnen ihre Alaska-Touren meist in Vancouver, die großen Autofähren starten in Bellingham bei Seattle und im kanadischen Prince Rupert. So oder so ist der erste und südlichste alaskanische Hafen *Ketchikan (S. 63),* wo auch das Reich der Tlingit-Indianer beginnt. Lassen Sie sich auf keinen Fall die großen Totempfahlparks *Saxman* und *Totem Bight (S. 64)* am Ortsrand entgehen.

Der nächste Halt der Fähre ist in *Wrangell (S. 71),* das sich vor allem für Individualreisende als Zwischenstopp eignet. Es ist ein noch recht hemdsärmelig raues Fischerdorf, in dem man aber die Einheimischen schnell kennen lernen kann. Zudem lohnen sich von hier aus Boots- und Flugtouren in das Delta des *Stikine River,* zum *LeConte Glacier* und zum Beobachten Schwarzbären am *Anan Creek (S. 71).*

Nördlich von Wrangell beginnen die ✿ *Wrangell Narrows,* ein überaus schöner Abschnitt der Inside Passage: Entlang der manchmal nur 100 m breiten Meeresstraße zwischen Kupreanof und Mitkof Island nisten Weißkopfseeadler in den turmhohen Douglasien, an den Klippen sonnen sich Robben, und manchmal sind sogar Wale ganz nah am Schiff zu beobachten. Über *Petersburg (S. 66)* führt die Route dann durch den weiten *Frederick Sound* (gut zur Walbeobachtung!) hinaus nach *Sitka (S. 67),* das ganz im Westen von Baranof Island liegt – ein interessanter Stopp für Geschichtsfans, die hier auf Spurensuche nach der russischen Siedlerzeit gehen können. (Achtung: Nicht alle Fähren nehmen die Route über Sitka. Erkundigen Sie sich vorab!)

Nächster Halt: der Hafen Auke Bay bei *Juneau (S. 61),* der Hauptstadt Alaskas. Auch hier lohnen sich einige Tage Aufenthalt, denn die Stadt ist Ausgangspunkt für Touren in die Eiswelt der *Glacier Bay (S. 58)* und für Flug- oder Paddelexkursionen in den gletscherumrahmten Fjord *Tracy Arm.*

Das letzte Stück der Schiffsreise folgt dem fast 150 km langen *Lynn Canal* nach Norden: Immer enger rücken die Berge um den schmalen Meeresarm zusammen, immer höher werden die Wasserfälle an den grünen Hängen, und immer öfter geraten Gletscher in Sicht. Am Nordende des Fjords haben Sie die Wahl: Wer mit dem Auto unterwegs ist und ins Landesinnere weiterfahren will, kann in *Haines (S. 60)* von Bord gehen und auf den Haines Highway fahren. Viel schöner und nostalgischer aber ist es, wie einst die Goldgräber zum Endpunkt der Inside Passage zu schippern und erst von *Skagway (S. 68)* aus ins kanadische Yukon und an den Klondike zu reisen.

③ GOLDGRÄBERSPUREN: VON SKAGWAY NACH DAWSON CITY

Rund 30 000 Abenteurer zogen im Winter 1898 von Skagway aus über die Berge nach Norden und auf dem Yukon River weiter zu den Goldfeldern am Klondike. Ein historischer Treck, den man als Nostalgieurlauber auf alten

Trails wie auch ganz bequem auf modernen Highways nacherleben kann – und dies in bis heute weitgehend unberührter Wildnis. Mit einem Auto ist die gut 500 km lange Route in 3 bis 4 Tagen zu fahren, zu Fuß und per Kanu sollten Sie sich mindestens 2 Wochen Zeit lassen.

Wie für die Pioniere von einst beginnt die Reise auch heute in *Skagway (S. 68),* das per Fähre oder Flugzeug von Süden her gut zu erreichen ist. Schon damals war das Städtchen der letzte Versorgungsposten auf dem Weg ins Landesinnere. Auf dem modernen *Klondike Highway 2* sind es heute allerdings nur etwa vier Stunden Fahrt steil hinauf zum *White Pass* auf 1003 m Höhe und über das Pioniernest *Carcross* durch die Seenplatten am Oberlauf des Yukon River bis Whitehorse.

Doch auch die alte Route über den 1067 m hohen *Chilkoot Pass (S. 70)* existiert noch – als gut begehbarer Wildnistrail (ab Juli), von dessen Ende am Lake Bennett ein Shuttlebusdienst die Hiker nach Whitehorse bringt. 4 bis 5 Tage dauert die Wanderung über den Pass heute – welch ein Unterschied zu den Mühen der Pioniere damals: Eine Tonne Gepäck mussten die Goldsucher über den Pass schleppen, genug Proviant und Ausrüstung für ein volles Jahr. Auf der Passhöhe prüften die Mounties der kanadischen RCMP (Polizei), ob auch jeder sein gefordertes Soll mitbrachte. 30- oder 40-mal mussten die Glücksritter deshalb den steilen Grat der Coast Mountains erklimmen und mühselig ihr Gepäck hinauftragen. Und das im tiefsten Winter! Für heutige Wanderer, die unter einem vergleichsweise läppischen 20-kg-Rucksack im lauen Sommer einmal über den Pass schwitzen, mag das ein Ansporn sein.

Nach einem Pausentag in *Whitehorse (S. 84),* an dem Sie im alten Schaufelraddampfer *»SS Klondike«* und im *Miles Canyon* noch weitere historische Schauplätze kennen lernen, geht es weiter nach Norden. Die Route führt nun den immer breiter werdenden Yukon River entlang: Zwei gemütliche Fahrtage sind es auf dem geteerten Klondike Hwy. durch einsame Wälder und Täler bis zur Goldstadt *Dawson City (S. 80).* Für Pausen und Fotos am Weg zu empfehlen: der *Lake Laberge,* die *Five Finger Rapids* und die *Moose Creek Lodge,* die mit hervorragendem Gebäck zur Stärkung lockt.

Authentischer – und stimmungsvoller – aber ist der Weg der Goldsucher: In Flößen und Booten vertrauten sie sich dem Yukon River an und drifteten stromabwärts ins gelobte Goldland. Auch ohne große Wildniserfahrung ist diese Strecke heute per Kanu in 6 bis 7 Tagen zurückzulegen (Kanuvermieter und Ausrüster in Whitehorse). Man treibt gemächlich den breiten Fluss hinab, beobachtet Elche und Bären, angelt (meist erfolglos) und genießt die Ruhe der Natur. Bis dann an der Mündung des Klondike River in den Yukon schließlich wieder Zivilisation in Sicht kommt: das Städtchen *Dawson City.* Wer tatsächlich von Skagway per Wanderstiefel und Kanu bis hierher gekommen ist, dem erscheint Dawson City dann wahrlich wie eine Großstadt, wie das ersehnte Ziel am Ende des goldenen Trail.

Von Auskunft bis Zoll

Hier finden Sie kurz gefasst die wichtigsten Adressen und Informationen für Ihre Alaska-Reise

AUSKUNFT

Fremdenverkehrsamt von Alaska

Gegen Einsendung eines Euro-cheques über 5 Euro, bzw. 10 Mark (aus Österreich und der Schweiz 7,50 Euro, bzw. 15 Mark) erhalten Sie Infobroschüren, Karten und eine Liste aller Alaska-Veranstalter bei: *Pela Touristikservice, Postfach 1227, D-63798 Kleinostheim, www.travel alaska.com*

Canada Tourism Program

Informationen über Kanada und das Yukon Territory erhält man unter: *Postfach 20 02 47, 63469 Maintal, Tel. 0 61 81/451 78, Fax 49 75 58, www.kanada-info.de und www.travelcanada.ca; in der Schweiz Tel. 062/396 41 51, Fax 388 08 19, E-Mail ctc-landair@bluewin.ch*

Vor Ort finden Sie in Alaska in jeder Stadt, jedem National Park und jedem noch so kleinen Dorf Info Centers und Visitors Bureaus. In Anchorage, Tok, Fairbanks und Ketchikan gibt es außerdem hervorragende Public Lands Informations Centers (PLICs), in denen Sie Material und Karten zu National Parks und anderen Schutzgebieten erhalten. Außerdem können Sie dort Campingplätze und Hütten reservieren. *www.nps. gov*

ALKOHOL

Alkohol ist in Alaska nur in Bars, Liquor Stores und Package Stores zu kaufen – und für alle unter 21 Jahren tabu. Im kanadischen Yukon Territory dürfen dagegen schon 19-Jährige in die Saloons. Zahlreiche kleinere Eskimo- und Indianerorte im Hinterland sind »trocken«. Hier wird kein Alkohol ausgeschenkt, und Sie dürfen auch keinen mitbringen.

AUTO

Der nationale Führerschein ist für Reisen bis zu drei Monaten ausreichend (im kanadischen Yukon Territory nur bis zu einem Monat!). Anschnallen ist Pflicht, außerdem müssen Sie in Alaska wie im Yukon auch tagsüber mit Abblendlicht fahren.

Alle wichtigen Highways in Alaska sind asphaltiert, aber teilweise in schlechtem Zustand, da der Dauerfrostboden den Teer aufwirft. Die Höchstgeschwindigkeit ist auf Landstraßen zumeist 55 Meilen/h (88 km/h), in Orten 35 Meilen/h (50 km/h). Die Verkehrsregeln gleichen denen in Europa. Aber: An Ampeln darf man auch bei Rot nach rechts abbiegen, auf mehrspurigen Straßen ist Rechtsüberholen erlaubt, Schulbusse mit eingeschalteter Warnblinkanlage dürfen nicht passiert werden – auch nicht aus der Gegenrichtung.

Außerdem gibt es *3-way-* oder *4-way-stops*, Kreuzungen, an denen jedes Fahrzeug halten muss. Wer zuerst gehalten hat, darf auch zuerst weiterfahren.

CAMPING

Die öffentlichen Campingplätze sind die schönsten: Sie sind meist an Seen und in National oder State Parks gelegen und mit Feuerstelle, Holzbänken, Wasserpumpe und Plumpsklo einfach ausgestattet. Die Nacht kostet $ 5 bis $ 10. Private Plätze mit heißen Duschen, kleinem Laden und manchmal sogar Swimmingpool finden Sie am Rand der Städte und außerhalb der Parks (Preise ca. $ 10 bis $ 30). Wildes Campen ist – außer in den Parks – nicht verboten, wird aber in Nähe der Orte nicht gern gesehen.

Vorsicht vor den Bären: Nachts sollten Sie alle Lebensmittel geruchsdicht im Auto verstauen oder – beim Zelten in der Wildnis – in mindestens 4 m Höhe an einen Baum hängen!

DIPLOMATISCHE VERTRETUNG

Deutsches Honorarkonsulat
Bernd Guetschow, 425 G St., Suite 650, Anchorage, AK 99501, Mo–Fr 8–12 und 13–17 Uhr, Tel. 907/274-65 37, Fax 274-87 98

Österreichisches Generalkonsulat
11859 Wilshire Bd., Suite 501, Los Angeles, CA 90025, Mo–Fr 9 bis 17 Uhr, Tel. 310/444-93 10, Fax 477-98 97

Schweizer Generalkonsulat
456 Montgomery St., Suite 1500, San Francisco, CA 94104, Mo–Fr 9–12 Uhr, Tel. 415/788-22 72, Fax 788-14 02

EINREISE

Für Deutsche, Österreicher und Schweizer genügt zur Einreise nach Alaska wie auch nach Kanada ein noch mindestens drei Monate gültiger Pass. Manchmal werden bei der Einreise die Vorlage eines Rückflugtickets und der Nachweis ausreichender Reisefinanzen verlangt. Nur wer länger als drei Monate bleiben will, muss sich vorab ein Visum beim nächstgelegenen US-Konsulat besorgen. Bei der Anreise über einen Umsteigeflughafen im Süden werden alle Zoll- und Passformalitäten bereits am ersten Flughafen in den USA erledigt, der Weiterflug nach Alaska ist dann ein Inlandflug.

FÄHREN

Die großen komfortablen Autofähren des Alaska Marine Highway verkehren zwischen allen größeren Orten Südostalaskas entlang der berühmten Inside Passage sowie in Südalaska zwischen Valdez, Cordova, Whittier, Seward, Homer und Kodiak Island. Einmal pro Monat fährt eines der Schiffe auch von Homer entlang der Aleuteninseln bis Dutch Harbor. Wenn Sie mit Auto oder Wohnmobil reisen oder eine Kabine möchten, sollten Sie unbedingt schon vier bis fünf Monate vorab reservieren (Fahrplaninformation und Buchung im Reisebüro, bei allen Alaska-Veranstaltern oder im Internet: *www.dot.state.ak.us/home. html).* Als einfacher Passagier oder mit einem Fahrrad kommt man meist auch ohne langfristige Buchung mit.

GELD UND DEVISEN

Währung ist der amerikanische Dollar (= 100 Cents). Es gibt Banknoten *(bills)* zu 1, 2, 5, 10, 20, 50 und 100 $ sowie Münzen *(coins)* zu 1 ¢ *(penny),* 5 ¢ *(nickel),* 10 ¢ *(dime),* 25 ¢ *(quarter)* und 1 $. Vorsicht: Alle Dollarnoten sind gleich groß, von gleicher grünlich grauer Farbe und unterscheiden sich nur im Aufdruck! Im Yukon Territory gilt der kanadische Dollar (kan $), Bargeld und Reiseschecks in US-$ werden aber meist angenommen und zu fairem Kurs konvertiert.

Banken sind meist von 10 bis 15 Uhr geöffnet. Sie lösen Reiseschecks (ausgestellt auf US-$) ein, wechseln aber keine ausländischen Währungen. Lediglich in *Wechselstuben* und in manchen größeren Hotels in Anchorage kann man (zu schlechtem Kurs) Mark in Dollar tauschen.

Fazit: Reisen Sie nur mit US-$. Die Reisekasse sollte aus verschiedenen Zahlungsmitteln bestehen: einige Hundert Dollar Bargeld, dazu Reiseschecks in US-$ (sie werden überall in Läden und Restaurants akzeptiert, und man bekommt als Wechselgeld Bares zurück) sowie eine Kreditkarte (Visa oder Eurocard) für größere Ausgaben und für Notfälle. Kreditkarten werden überall in Hotels und Restaurants, in Läden und an Tankstellen angenommen. Geldautomaten nehmen meist auch die EC-Karte an.

GESUNDHEIT

Die ärztliche Versorgung ist gut – aber teuer, denn im Notfall werden Sie von den Park Rangers oder medizinischen Notdiensten zum nächsten Krankenhaus geflogen. Schließen Sie für die Reise unbedingt eine Auslandskrankenversicherung ab. Für eine Wildnistour sollten Sie eine komplette Reiseapotheke einpacken und Wasser aus Bächen und Flüssen immer abkochen.

INLANDFLÜGE

Fliegen gehört in Alaska zum täglichen Leben, denn viele Dörfer und Lodges im Hinterland sind nur per Flugzeug zu erreichen. Alle größeren Orte werden von Alaska Airlines angeflogen, in die kleineren Orte kommt man mit einer der zahlreichen Regionalgesellschaften wie etwa Reeve Aleutian Airways, Pen-Air und ERA-Air in Anchorage, Frontier Flying Service in Fairbanks, LAB Flying Service oder Glacier-Air in Juneau. Für internationale Besucher bieten Alaska Airlines und mehrere regionale Fluggesellschaften verbilligte Tarife an. Allerdings müssen diese Tickets bereits vor der Reise in Europa gebucht werden.

Mit einem der vielen Lufttaxis können Sie abseits aller Pfade in die Wildnis vordringen. Auf Wunsch steuern die alaskanischen Buschpiloten jeden See und jede Sandbank im Hinterland an – zu Charterpreisen von ca. $ 200 bis 350 pro Flugstunde. Je weiter nach Norden man kommt, desto teurer wird es – und vergessen Sie nicht, den Rückflug zu buchen.

JAGEN UND ANGELN

Zur Jagd sind in Alaska wie auch im kanadischen Yukon Territory ein örtlicher Guide sowie je nach Tierart auch spezielle Lizenzen vorgeschrieben – Auskünfte bei den Fremdenverkehrsämtern. Dagegen ist das Angeln in den zahllosen Seen und Flüssen völlig unkompliziert: Je nach Gültigkeitsdauer kostet die Lizenz für Besucher $ 10 bis 100, zu kaufen in allen Sportgeschäften und Lodges. Dort erhalten Sie auch eine Broschüre mit den Bestimmungen und den Fangquoten *(bag limits)*. Zum Angeln auf Königslachse oder in den National Parks ist eine Sonderlizenz nötig. Für einen echten Angelurlaub sollten Sie sich in einer der vielen Fishinglodges im Hinterland einmieten, wo erfahrene Guides Sie zu den besten Angelplätzen bringen. Preis pro Woche: $ 2000 bis 6000. Charterboote zum Heilbutt- und Lachsangeln sind in Homer, Seward, Valdez und vielen anderen Küstenorten zu mieten.

JUGENDHERBERGEN

Die sechs alaskanischen Häuser der amerikanischen Herbergsorganisation Hostelling International sind in dem im Buchhandel erhältlichen Verzeichnis aufgelistet: *Hostelling International Handbook, Vol. 2 (www.hiayh.org).* Daneben gibt es in vielen Orten einfache Backpackerunterkünfte mit Schlafplätzen für $ 10 bis 20 pro Nacht. Einen Schlafsack bringt man am besten selbst mit.

KLIMA UND REISEZEIT

Im größten Teil Alaskas herrscht nordisches Kontinentalklima mit überraschend warmen, trockenen und oft wochenlang sonnigen Sommern (in Fairbanks kann es im Juli über 30 Grad Celsius warm sein) und bitterkalten Wintern. In Südalaska und im Panhandle mildert die Nähe zum Meer das Klima, die Pazifikwolken sorgen aber für reichlich Regen im Sommer – und viel Schnee im Winter.

Die beste Reisezeit ist von Mitte Juni bis Ende August. Doch ist es im September oft noch genauso schön – mit sonnigen, klaren Tagen und kalten Nächten. Ab Anfang des Monats färben sich im Indian Summer die Blätter der Birken und Pappeln, und die Tundra des Nordens leuchtet für ein bis zwei kurze Wochen in prächtigem Rot und Gelb. Hochsaison sind die Monate Juli und August, dann haben Amerikaner und Kanadier Schulferien, und die wenigen Hotels in den Städten und National Parks sind oft hoffnungslos ausgebucht. Sollten Sie zu dieser Zeit reisen (müssen), reservieren Sie auf jeden Fall frühzeitig. Für Hundeschlitten- und Skitouren ist die Zeit von Mitte Februar bis Mitte April am besten.

MASSE UND GEWICHTE

Im kanadischen Yukon Territory gilt das metrische System, doch in Alaska spulen Sie wie in den ganzen USA auf den Highways

Pumpen von früher, Benzin von heute – nach Gallonen natürlich

Meilen (= 1,6 km) herunter, kaufen Benzin in Gallonen (= 3,7 l) und frieren auf dem Gletscher in Fahrenheit-Graden: (0° C = 32° F, 15° C = 59° F, 20° C = 68° F, 25° C = 77° F).

MIETWAGEN

Mindestmietalter: 25 Jahre (21 gegen Aufpreis). Der nationale Führerschein genügt. PKW oder Camper sollten Sie unbedingt schon mehrere Monate vorab im Reisebüro buchen. Das ist meist billiger und sicherer als die Suche vor Ort, da besonders Wohnmobile zur Hochsaison meist ausgebucht sind. Es ist ratsam, das Fahrzeug wieder am Ausgangspunkt zurückzugeben, da die Rückführgebühren oft extrem hoch sind.

NOTRUF

In Städten gilt die Notrufnummer »911«, die gebührenfrei von jedem Telefon anwählbar ist. In ländlichen Gegenden gelten teilweise andere, jeweils am Münztelefon vermerkte Notrufe für Polizei, Feuerwehr und Notarzt. Im Zweifelsfall wenden Sie sich an den *operator* (»0«).

ÖFFENTLICHE VERKEHRSMITTEL

Mehrere regionale Busgesellschaften wie etwa Alaskon Express, Alaska Direct Bus Lines oder Norline Coaches verbinden alle Orte entlang der Highways in Alaska und im kanadischen Yukon Territory – allerdings nicht unbedingt im Stundentakt. Manchmal muss ein bis zwei Tage auf den nächsten Bus warten, und vor Ort ist es teilweise schwierig, von der Busstation zu den weit voneinander entfernt liegenden Attraktionen oder zu den Trailheads für die Wanderwege zu kommen.

Per Zug lässt sich Alaska auf der landschaftlich reizvollen Strecke der Alaska Railroad von Anchorage über den Denali National Park nach Fairbanks erleben (zwölf Stunden Fahrt). Etwa vier Stunden dauert die Fahrt von Anchorage nach Seward. Zwischen Anchorage und Whittier verkehrt die Bahn als Shuttledienst mit Anschluss an die Fähren im Prince William Sound. *Auskunft im Reisebüro, www. akrr.com oder vor Ort (Tel. 907/265-24 94).*

ÖFFNUNGSZEITEN

Läden sind überwiegend Mo bis Sa 9.30 bis 18 Uhr geöffnet, die

Shoppingmalls der Städte 10 bis 21 und So 12 bis 17 Uhr. Supermärkte und die General Stores in den kleinen Orten sind oft bis in den Abend und an Wochenenden geöffnet. Im Frühjahr und Herbst haben Museen und touristische Attraktionen oft nur sehr begrenzte Öffnungszeiten, im Winter bleiben sie vielfach ganz geschlossen.

POST

Postämter haben Mo–Fr 9–18 und Sa 8–12 Uhr geöffnet. Porto für Luftpostbriefe nach Europa: 60 ¢, Postkarten 55 ¢ (in Kanada 95 ¢). Aus den größeren Orten ist eine Karte etwa sieben Tage unterwegs, aus dem Hinterland drei bis vier Tage länger.

STEUERN

Es gibt keine allgemeine Verkaufssteuer in Alaska, doch Städte und Bezirke dürfen eigene Hotelsteuern und bis zu 6 Prozent *sales tax* aufschlagen. In Kanada wird eine Mehrwertsteuer, genannt GST, von 7 Prozent erhoben. Alle Steuern werden erst beim Kauf berechnet, sind also zum Beispiel auf der Speisekarte noch nicht berücksichtigt.

STROM

110 Volt, 60 Hertz. Einen Steckdosenadapter für den (umschaltbaren!) Fön oder Rasierapparat sollten Sie mitbringen.

TELEFON

Alle Telefonnummern in Alaska und im kanadischen Yukon Territory sind siebenstellig, dazu kommt für Ferngespräche noch eine dreistellige Vorwahl *(area code)*. Für das gesamte Alaska gilt die Vorwahl 907, für das Yukon Territory die Vorwahl 867.

Ortsgespräche aus der Telefonzelle kosten 25 bis 35 ¢, bei Ferngesprächen gibt nach dem Wählen eine Computerstimme die Gebühr an. Für Ortsgespräche wählen Sie nur die Nummer, für Ferngespräche vor der Nummer eine »1« und die Vorwahl. Vorsicht: Im Hotel werden oft horrende Aufschläge berechnet!

Preiswerter telefonieren kann man mit einer amerikanischen Telefonkreditkarte (etwa von AT & T), die man in Europa kostenlos bei sämtlichen gängigen Kreditkartenfirmen beantragen kann.

Bei allen Telefonproblemen hilft der *operator* (»0«) weiter, er vermittelt auch R-Gespräche *(collect calls)*. Eine andere Besonderheit sind die gebührenfreien Nummern mit der Vorwahl 800, 888 oder 877, über die man Hotels oder Mietwagen reserviert.

Vorwahl nach Deutschland: 011-49; Österreich: 011-43; in die Schweiz: 011-41. Dann die Ortsvorwahl ohne die erste Null und die Nummer. Vorwahl nach Alaska und Kanada: 001.

TRINKGELD

Im Restaurant ist das Bedienungsgeld nicht in dem auf der Karte angegebenen Preis enthalten. Man lässt daher etwa 15 Prozent des Rechnungsbetrags als *tip* auf dem Tisch liegen. Der Kofferträger im Hotel oder in der Lodge bekommt etwa $ 1 je Gepäckstück, ein Guide als Trinkgeld pro Tag etwa $ 5 bis 10.

ZEITZONEN

Zeitunterschied zu Mitteleuropa: Alaska –10 h; westlichste zwei Aleuteninseln –11 h; kanadisches Yukon Territory –9 h. Sommerzeit (+1 h) in Alaska und Kanada vom ersten Aprilsonntag bis letzten Oktobersonntag.

ZOLL

Pflanzen, Wurst, Obst und andere frische Lebensmittel dürfen nicht eingeführt werden. Erlaubt sind für Erwachsene 200 Zigaretten oder 50 Zigarren oder 2 kg Tabak sowie 1,1 l Spirituosen. Dazu Geschenke bis zu einem Wert von $ 100.

In die EU zollfrei eingeführt werden dürfen: 1 l Alkohol über 22 Prozent, 200 Zigaretten oder 100 Zigarillos oder 50 Zigarren oder 250 g Tabak, 50 g Parfüm oder 250 ml Eau de Toilette und andere Artikel im Gesamtwert von ca. 180 Euro.

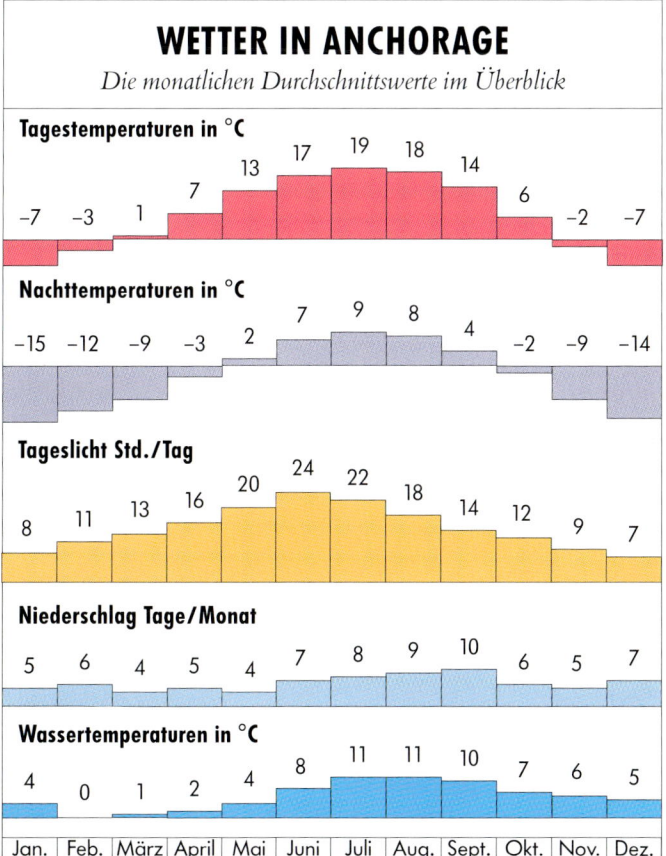

WETTER IN ANCHORAGE
Die monatlichen Durchschnittswerte im Überblick

Tagestemperaturen in °C
–7 –3 1 7 13 17 19 18 14 6 –2 –7

Nachttemperaturen in °C
–15 –12 –9 –3 2 7 9 8 4 –2 –9 –14

Tageslicht Std./Tag
8 11 13 16 20 24 22 18 14 12 9 7

Niederschlag Tage/Monat
5 6 4 5 4 7 8 9 10 6 5 7

Wassertemperaturen in °C
4 0 1 2 4 8 11 11 10 7 6 5

| Jan. | Feb. | März | April | Mai | Juni | Juli | Aug. | Sept. | Okt. | Nov. | Dez. |

Bloß nicht!

Die Wildnis Alaskas ist nicht ohne Gefahren, und es gibt Dinge, über die man informiert sein sollte

Zu sorglos sein

Zwar ist Alaska ein recht sicheres Reiseland, aber die übliche Vorsicht ist auch hier angebracht. Gelegenheit macht auch in Alaska Diebe. Lassen Sie also am Parkplatz keine Kameras offen im Wagen liegen, und sperren Sie die Motelzimmertür ab.

Bärenspray im Flugzeug

Das in den Sportgeschäften Alaskas angebotene Pfefferspray wirkt zwar tatsächlich abschreckend auf Bären, aber nehmen Sie es bloß nicht im Charterflugzeug mit. Die Airlines verbieten das, denn die Spraydose könnte versehentlich im Flug losgehen – und den Piloten kurzzeitig erblinden lassen!

Entfernungen unterschätzen

Täuschen Sie sich bloß nicht bei den Dimensionen Alaskas. Besonders im weiten Norden kann eine Fingerbreite auf der Landkarte eine elend lange Tagestour auf Schotterstraßen bedeuten.

Provozieren

Alaska ist nach wie vor ein Macholand, und am späteren Abend kann es in den Kneipen rau zugehen. Bei einer Diskussion ist es vernünftiger, nicht zu widersprechen – außer, Sie wollen eine zünftige Prügelei mit einem Holzfäller oder Fischer, der auch alkoholisiert noch verblüffend hart zuschlagen kann.

Straßenzustand außer Acht lassen

Vertrauen Sie bloß nicht auf den guten Zustand der Highways. Das Stück, auf dem Sie gerade fahren, mag zwar kürzlich neu geteert worden und prima mit 100 Sachen zu befahren sein, aber schon ein paar Kilometer später holt Sie garantiert eine kräftige Frostwelle wieder auf den Boden der alaskanischen Realität zurück.

Spontane Wildniswanderungen

Sei es ein Tag, eine Woche oder ein Monat, die Sie auf einer Wanderung oder Kanutour in der Wildnis verbringen wollen: Vergessen Sie in keinem Fall, eine kurze Notiz über Ihre Route und die voraussichtliche Zeit der Rückkehr zu hinterlassen – beim Kanuvermieter, beim Buschpiloten, der Sie ins Hinterland fliegt, oder beim Ranger im National Park. Falls etwas schief geht, kann so ein Suchtrupp losgeschickt werden. Deshalb nicht vergessen, sich auch wieder zurückzumelden! Nehmen Sie außerdem immer Lebensmittel für einige Extratage mit!

Sprechen und Verstehen ganz einfach

Zur Erleichterung der Aussprache sind alle amerikanischen Begriffe und Wendungen mit einer einfachen Aussprache (in eckigen Klammern) versehen. Folgende Zeichen sind Sonderzeichen:

ə	nur angedeutetes »e« wie in bitte
θ	[s] gesprochen mit der Zungenspitze zwischen den Zähnen
’	die nachfolgende Silbe wird betont

AUF EINEN BLICK

Ja./Nein.	Yes. [jäs]/Yeah. [jie]/No. [no]
Vielleicht.	Perhaps. [pö’häps]/Maybe. [’mäibih]
Bitte.	Please. [plihs]
Danke.	Thank you. [’θänkju]
Vielen Dank!	Thank you very much. [’θänkju ’wäri ’matsch]
Gern geschehen.	You’re welcome. [jər ’wälkəm]
Entschuldigung!	Excuse-me! [iks’kjuhs ’mih]
Wie bitte?	Pardon? [’paərdn]
Ich verstehe Sie/dich nicht.	I don’t understand. [ai dont andö’ständ]
Ich spreche nur wenig …	I only speak a little … [ai ’onli spihk ə litl]
Können Sie mir bitte helfen?	Can you help me, please? [’kən ju ’hälp mi plihs]
Ich möchte …	I’d like … [aid’laik]
Das gefällt mir (nicht).	I (don’t) like this. [ai (dont) laik_θis]
Haben Sie …?	Do you have …? [du ju ’häw]
Wie viel kostet das?	How much is this? [’hau’matsch is θis]
Wie spät ist es?	What time is it? [wət ’taim is it]

KENNENLERNEN

Guten Morgen!	Good morning! [gud ’moərning]
Guten Tag!	Good afternoon! [gud äftö’nuhn]
Guten Abend!	Good evening! [gud ’ihwning]
Hallo! Grüß dich!	Hello! [hə’lo]/Hi! [hai]
Ich heiße …	My name’s … [mai näims …]
Wie heißen Sie/heißt du?	What’s your name? [wots joər ’näim]
Wie geht es Ihnen/dir?	How are you? [haur’ju]
Danke. Und Ihnen/dir?	Fine thanks. And you? [’fain θänks, ənd ’ju]
Auf Wiedersehen!	Goodbye!/Bye-bye! [gud’bai/bai’bai]
Tschüss!	See you!/Bye! [sih ju/bai]
Bis bald!	See you later! [sih ju ’lätər]
Bis morgen!	See you tomorrow! [sih ju tə’məro]

Auskunft

links/rechts	left [läft]/right [rait]
geradeaus	straight ahead [sträit 'əhäd]
nah/weit	near [niər]/far [faər]
Bitte, wo ist …?	Excuse me, where's …, please? [iks'kjuhs 'mih 'weərs … plihs]
der Bahnhof	the train station [θə 'träen 'stäischn]
der Busbahnhof	the bus station [θə bass 'stäischn]
die U-Bahn	the subway [θə 'sabwä]
der Flughafen	the airport [θə 'erpoht]
Wie weit ist das?	How far is it? ['hau 'far_is_it]
Ich möchte … mieten.	I'd like to rent … [aid'laik tə 'ränt]
… ein Auto	… a car [ə 'kaər]
… ein Motorboot	… a motorboat [ə 'motərbot]

Panne

Ich habe eine Panne.	My car's broken down. [mai 'kaərs 'brokn 'daun]
Würden Sie mir bitte einen Abschleppwagen schicken?	Would you send a tow truck, please? ['wud ju sänd ə to trak plihs]
Gibt es hier in der Nähe eine Werkstatt?	Is there a service station nearby? ['is θeə_ə 'söəwis stäischn 'nirbai]

Tankstelle

Wo ist die nächste Tankstelle?	Where's the nearest gas station? ['weəs θə 'niərist 'gäs stäischn]
Ich möchte … Liter/Gallonen [3,7l] …	… liters/gallons of … ['lihtərs/gäləns əw]
… Normalbenzin.	… regular, [regjulər]
… Super.	… premium, [primium]
… Diesel.	… diesel, ['dihsl]
… bleifrei/verbleit.	… unleaded/leaded, please. [an'lädid/'lädid plihs]
Voll tanken, bitte.	Full, please. ['full plihs]

Unfall

Hilfe!	Help! [hälp]
Achtung!	Attention! [ə 'tänschn]
Vorsicht!	Look out! ['luk 'aut]
Rufen Sie bitte …	Please call … ['plihs 'kahll]
… einen Krankenwagen.	… an ambulance. [ən 'ämbjuləns]
… die Polizei.	… the police. [θə pə'lihs]
Es war meine Schuld.	It was my fault. [it wəs 'mai 'fahllt]
Es war Ihre Schuld.	It was your fault. [it wəs 'johər 'fahllt]
Geben Sie mir bitte Ihren Namen und Ihre Anschrift.	Please give me your name and address. [plihs giw mi joər 'näim ənd ə'dräs]

ESSEN/UNTERHALTUNG

Wo gibt es hier …
… ein gutes Restaurant?
… ein typisches Restaurant?

Is there … here? ['is θeər … 'hiər]
… a good restaurant [ə 'gud 'rästərahnt]
… a restaurant with local specialities
[ə 'rästərahnt wiθ 'lokl späschi'älitis]

Gibt es hier eine
gemütliche Kneipe?
Reservieren Sie uns bitte
für heute Abend einen
Tisch für 4 Personen.
Auf Ihr Wohl!
Bezahlen, bitte.

Is there a nice bar here?
['is θeər_ə nais bar hiər]
Would you reserve us a table for four
for this evening, please? ['wud ju ri'söhw
əs ə 'täibl fə 'fohr fə θis 'ihwning plihs]
Cheers! [tschiərs]
Could I have the check, please?
['kud ai häw θə tschek plihs]

Haben Sie einen
Veranstaltungskalender?

Do you have a calendar of events?
[du ju häw_ə 'kälendər_əw i'wänts]

EINKAUFEN

Wo finde ich …?

Where can I find …?
['weər 'kən_ai 'faind …]

eine Apotheke
eine Bäckerei
ein Fotogeschäft

a pharmacy [ə farməssi]
a bakery [ə bəikəri]
a photo/camera store
[ə foto/kämərə stoər]

ein Kaufhaus
ein Lebensmittelgeschäft

a department store [ə di'partmənt stoər]
a supermarket/grocery store
[ə 'supər 'mahrkət/grosri stoər]

einen Markt

a market [ə 'mahrkət]

ÜBERNACHTUNG

Können Sie mir bitte …
empfehlen?
… ein Hotel/Motel
… eine Pension

Could you recommend …, please?
[kud ju ˌräkə'mänd … plihs]
… a hotel/motel [ə ho'täl/mou'təl]
… a B&B (bed & breakfast)
[ə bin bi (bed_n 'bräkfəst)]

Ich habe bei Ihnen ein
Zimmer reserviert.
Haben Sie noch …?
… ein Einzelzimmer
… ein Doppelzimmer
… mit Dusche/Bad

I've reserved a room.
[aiw ri'söhwd_ə 'ruhm]
Do you have …? [du ju häw]
… a room for one [ə ruhm fə wan]
… a room for two [ə ruhm fə tu]
… with a shower/bath
[wiθ ə 'schauər/'bähθ]

… für eine Nacht
… für eine Woche
Was kostet das Zimmer
mit …
… Frühstück?

… for one night [fə wan 'nait]
… for a week [fə ə 'wihk]
How much is the room with …
['hau 'matsch is θə ruhm wiθ]
… breakfast? ['bräkfəst]

Arzt

Können Sie mir einen guten Arzt empfehlen?	Can you recommend a good doctor? [kən ju räkə'mänd ə gud 'daktər]
Ich brauche einen Zahnarzt.	I need a dentist. [ai nied ə 'dentist]
Ich habe hier Schmerzen.	I feel some pain here. [ai fihl səm päin 'hiər]
Rezept	prescription [prə'skripschn]
Spritze	injection/shot [in'dschekschn/schat]

Bank

Wo ist hier bitte …	Where's the nearest … [weərs θə 'niərist]
… eine Bank?	… bank? [bänk]
… eine Wechselstube?	… exchange-office? [iks'tschäinsch_afis]
Bankautomat	teller machine [telər maschin]
Ich möchte … Euro (Schilling, Schweizer Franken) in Dollars wechseln.	I'd like to change … Euro (Austrian Shillings, Swiss Francs) into dollars. [aid laik tə tschäinsch … dschöhmən 'mahrks ('astriən 'schillings/'swis 'fränks) 'intə 'dahllərs]

Post

Was kostet …	How much is … ['hau 'matsch is]
… ein Brief …	… a letter … [ə 'lädər]
… eine Postkarte …	… a postcard … [ə postkahrd]
… nach Deutschland?	… to Germany? [tə 'dschöhməni]

Zahlen

0	zero [siəro]	19	nineteen [,nain'tihn]
1	one [wan]	20	twenty ['twänti]
2	two [tuh]	21	twenty-one [,twänti'wan]
3	three [θrih]	30	thirty ['θöhti]
4	four [fohr]	40	forty ['fohrti]
5	five [faiw]	50	fifty ['fifti]
6	six [siks]	60	sixty ['siksti]
7	seven ['säwn]	70	seventy ['säwnti]
8	eight [äit]	80	eighty ['äiti]
9	nine [nain]	90	ninety ['nainti]
10	ten [tän]	100	a (one) hundred ['ə (wan) 'handrəd]
11	eleven [i'läwn]		
12	twelve [twälw]	1000	a (one) thousand ['ə (wan) 'θausənd]
13	thirteen [θöh'tihn]		
14	fourteen [,foh'tihn]	10000	ten thousand ['tän 'θausənd]
15	fifteen [,fif'tihn]		
16	sixteen [,siks'tihn]	1/2	a half [ə 'hähf]
17	seventeen [,säwn'tihn]	1/4	a (one) quarter
18	eighteen [,äi'tihn]		['ə (wan) 'kwohrtər]

Menu
Speisekarte

BREAKFAST	FRÜHSTÜCK
coffee (with cream/milk) ['kafi (wiθ 'krihm/'milk)]	Kaffee (mit Sahne/Milch)
decaffeinated coffee [di'käfin,äitid 'kafi]	koffeinfreier Kaffee
hot chocolate ['hat 'tschaklit]	heiße Schokolade
tea (with milk/lemon) [tih (wiθ 'milk/'lämen)]	Tee (mit Milch/Zitrone)
scrambled eggs ['skrämbld 'ägs]	Rührei
poached eggs ['potscht 'ägs]	pochierte Eier
bacon and eggs ['bäikn ən 'ägs]	Eier mit Speck
eggs sunny side up ['ägs sani said ap]	Spiegeleier
hard-boiled/soft-boiled eggs ['hahrdboild/'saftboild ägs]	harte/weiche Eier
(cheese/mushroom) omelette [(tschihs/'maschrum)'omlit]	(Käse-/Champignon-)Omelett
bread/rolls/toast [bräd/rols/tost]	Brot/Brötchen/Toast
butter ['batər]	Butter
honey ['hani]	Honig
jam [dschäm]	Marmelade
jelly ['dscheli]	Gelee
muffin ['məfin]	süßes Küchlein
yoghurt ['jogərt]	Joghurt
fruit ['fruht]	Obst

HORS D'ŒUVRES/SOUPS	VORSPEISEN/SUPPEN
clam chowder [kläm tschaudər]	Muschelsuppe
broth/consommé [braθ/kən'somäi]	Fleischbrühe
cream of chicken soup [krihm əw 'tschikin suhp]	Hühnercremesuppe
ham [häm]	gekochter Schinken
mixed/green salad [mixd/grin sälǝd]	gemischter/grüner Salat
onion rings ['ənjən rings]	frittierte Zwiebelringe
seafood salad [sifuhd sälǝd]	Meeresfrüchtesalat
shrimp cocktail ['schrimp 'kahktäil]	Krabbencocktail
smoked salmon/lox ['smokt 'sämən/lax]	Räucherlachs
tomato soup [tə'mähto suhp]	Tomatensuppe
vegetable soup ['wädschtəbl suhp]	Gemüsesuppe

FISH/SEAFOOD | FISCH/MEERESFRÜCHTE

clams [kläms]	Venusmuscheln
cod [kad]	Kabeljau
crab [kräb]	Krebs
eel [ihl]	Aal
halibut [häləbət]	Heilbutt
herring ['häring]	Hering
lobster ['labstər]	Hummer
mussels ['masls]	Muscheln
oysters ['oistərs]	Austern
perch [pöhtsch]	Barsch
salmon ['sämən]	Lachs
scallops [skälləps]	Jakobsmuscheln
sole [soll]	Seezunge
squid [skwid]	Tintenfisch
trout [traut]	Forelle
tuna ['tuhnə]	Thunfisch

MEAT AND POULTRY | FLEISCH UND GEFLÜGEL

bacon [bəikən]	Speck
barbequed spare ribs ['bahrbəkjuhd 'speər ribs]	gegrillte Rippchen
beef [bihf]	Rindfleisch
chicken ['tschikən]	Hähnchen
chop/cutlet [tschap/'katlət]	Kotelett
filet mignon ['filä minjon]	Filetsteak
duck(ling) ['dak(ling)]	(junge) Ente
gravy ['gräivi]	Fleischsoße
ground beef ['graund 'bihf]	Hackfleisch vom Rind
ham [häm]	gekochter Schinken
hamburger ['hämböhgər]	Hamburger
lamb [läm]	Lamm
liver (and onions) ['liwər (ən 'anjəns)]	Leber (mit Zwiebeln)
meatloaf [mihtlof]	Hackbraten
New York Steak [nu jork stäk]	Steak mit Fettrand
pork [pohk]	Schweinefleisch
rabbit ['räbit]	Kaninchen
roast [rost]	Braten
rump steak ['ramp stäik]	Rumpsteak
sausages ['sosidschis]	Würstchen
sirloin steak ['söhloin stäik]	Lendenstück vom Rind, Steak
T-bone steak ['tihbon stäik]	Rindersteak mit T-förmigem Knochen
turkey ['töhki]	Truthahn
veal [wihl]	Kalbfleisch
venison ['wänisn]	Reh oder Hirsch

VEGETABLES AND SALAD	GEMÜSE UND SALAT
baked beans [ˈbäikt ˈbihns]	gebackene Bohnen in Tomatensoße
baked potatoes [bäikt pəˈtäitəus]	gebackene Kartoffeln in Schale
cabbage [ˈkäbidsch]	Kohl
carrots [ˈkärəts]	Karotten
cauliflower [ˈkaliflauər]	Blumenkohl
chef's salad [ˈschefs ˈsäləd]	Salat mit Schinken, Tomaten, Käse, Oliven
eggplant [egplänt]	Aubergine
french fries [fränsch ˈfrais]	Pommes frites
corn-on-the-cob [ˈkohn_an θə ˈkab]	Maiskolben
cucumber [ˈkjuhkamba]	Gurke
garlic [ˈgarlik]	Knoblauch
hash browns [ˈhäsch bräuns]	Bratkartoffeln
herbs [ərbs]	Kräuter
leek [ˈlihk]	Lauch
lentils [ˈläntils]	Linsen
lettuce [ˈletis]	Kopfsalat
mashed potatoes [mäscht pəˈtäitəus]	Kartoffelbrei
mushrooms [ˈmaschrums]	Pilze
onions [ˈanjəns]	Zwiebeln
peas [ˈpihs]	Erbsen
peppers [ˈpäppərs]	Paprika
pickles [ˈpikls]	Essiggurken
pumpkin [ˈpampkin]	Kürbis
produce [ˈproəducə]	frisches Gemüse
spinach [ˈspinidsch]	Spinat
squash [ˈskwasch]	kleiner Kürbis
tomatoes [təˈmähtous]	Tomaten

DESSERT AND CHEESE	NACHSPEISEN UND KÄSE
apple pie [ˈäpl ˈpai]	gedeckter Apfelkuchen
brownie [ˈbrauni]	Schokoladenplätzchen
cinnamon roll [sinəmon roul]	Zimtgebäck
cheddar [ˈtschädər]	kräftiger Käse
cookies [kukis]	Kekse
cottage cheese [ˈkatidsch ˈtschihs]	Hüttenkäse
cream [krihm]	Sahne
custard [ˈkastəd]	Vanille-Eiercreme
donut [ˈdoənat]	Schmalzkringel
fruit salad [fruht ˈsäləd]	Obstsalat
goat's cheese [ˈgots tschihs]	Ziegenkäse
ice-cream [ˈaisˈkrihm]	Eis
pancakes [ˈpänkäiks]	Pfannkuchen
pastry [ˈpäistri]	Gebäck
rice pudding [ˈrais ˈpədding]	Reisbrei

FRUIT	OBST
apples ['äpls]	Äpfel
apricots ['äiprikats]	Aprikosen
blackberries ['bläkbəris]	Brombeeren
cantaloup ['käntəlop]	Zuckermelone
cherries ['tschäris]	Kirschen
figs [figs]	Feigen
grapes [gräips]	Weintrauben
lemon ['lämən]	Zitrone
melon ['mälən]	Melone
oranges ['orindschəs]	Orangen
peaches ['pihtschəs]	Pfirsiche
pears [peərs]	Birnen
pineapple ['pain,äpl]	Ananas
plums [plams]	Pflaumen
raspberries ['rähsbəris]	Himbeeren
rhubarb ['ruhbahrb]	Rhabarber
strawberries ['strahbəris]	Erdbeeren

Beverages
Getränkekarte

ALCOHOLIC DRINKS	ALKOHOLISCHE GETRÄNKE
beer [biər]	Bier
on tap ['on täp]	vom Fass
brandy ['brändi]	Cognac
cider ['saidər]	Apfelwein
red/white wine [räd/wait wain]	Rot-/Weißwein
dry/sweet [drai/swiht]	trocken/lieblich
sherry [schäri]	Sherry
sparkling wine ['spahrkling wain]	Sekt
table wine ['täibl wain]	Tafelwein

SOFT DRINKS	ALKOHOLFREIE GETRÄNKE
alcohol-free beer ['älkəhal,frih 'biər]	alkoholfreies Bier
fruit juice ['fruht dschuhs]	Fruchtsaft
lemonade [,lämə'näid]	gesüßter Zitronensaft
milk ['milk]	Milch
mineral water ['minrl ,wahtər]	Mineralwasser
root beer ['rut ,biər]	süße, dunkle Limonade
soda water ['sodə ,wahtər]	Selterswasser
tomato juice [tə'mähto dschuhs]	Tomatensaft
tonic water [tannic wahtər]	Tonicwasser

Reiseatlas
Alaska und Yukon

*Die Seiteneinteilung für den Reiseatlas finden Sie
auf dem hinteren Umschlag dieses Reiseführers*

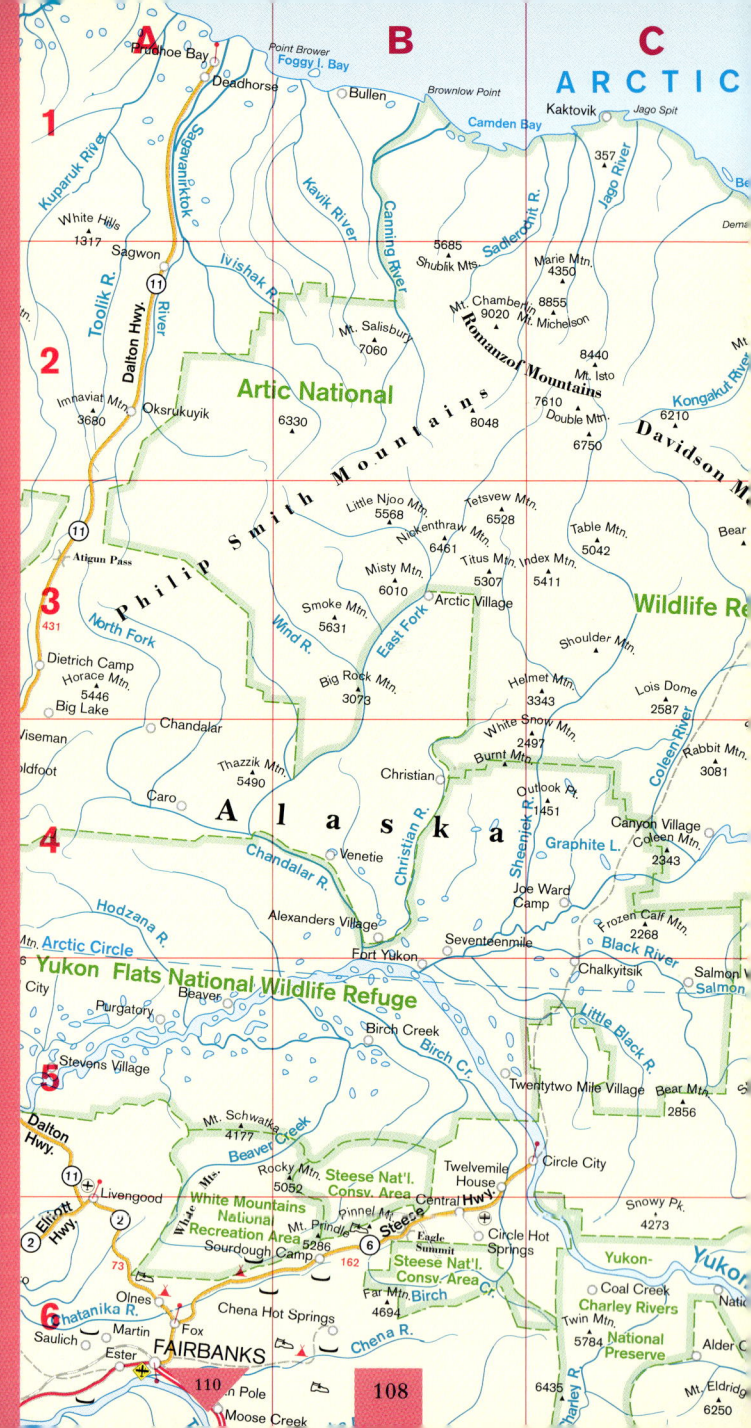

A   **B**   **C**

A R C T I C

1

Prudhoe Bay
Deadhorse
Point Brower
Foggy I. Bay
Bullen
Brownlow Point
Camden Bay
Kaktovik
Jago Spit
Be
Kuparuk River
Sagavanirktok River
Kavik River
Canning River
Sadlerochit R.
Jago River
357
Demi

2

White Hills
1317
Sagwon
Toolik R.
Dalton Hwy.
Ivishak R.
River
5685
Shublik Mts.
Marie Mtn.
4350
Mt. Chamberlin
9020
8855
Mt. Michelson
Romanzof Mountains
Kongakut River
Mt. Salisbury
7060
8440
Mt. Isto
Imnaviat Mtn.
3680
Oksrukuyik
6330
8048
7610
Double Mtn.
6750
6210
Davidson M
Artic National

3

Atigun Pass
431
Philip Smith Mountains
North Fork
Little Njoo Mtn.
5568
Tetsview Mtn.
6528
Table Mtn.
5042
Bear
Niekenthraw Mtn.
6461
Titus Mtn.
5307
Index Mtn.
5411
Misty Mtn.
6010
Arctic Village
Wildlife Re
Dietrich Camp
Horace Mtn.
5446
Smoke Mtn.
5631
Wind R.
East Fork
Shoulder Mtn.
Big Lake
Big Rock Mtn.
3073
Helmet Mtn.
3343
Lois Dome
2587
Coleen River
Wiseman
Chandalar
Thazzik Mtn.
5490
White Snow Mtn.
2497
Rabbit Mtn.
3081
oldfoot
Burnt Mtn.
Caro
Christian
Outlook Mtn.
1451

4

A   **l**   **a**   **s**   **k**   **a**
Chandalar R.
Venetie
Christian R.
Sheenjek R.
Graphite L.
Canyon Village
Coleen R.
2343
Hodzana R.
Alexanders Village
Joe Ward Camp
Frozen Calf Mtn.
2268
Fort Yukon
Seventeenmile
Black River
Arctic Circle

5

City
Yukon Flats National Wildlife Refuge
Chalkyitsik
Salmon
Salmon
Purgatory
Beaver
Birch Creek
Birch Cr.
Little Black R.
Stevens Village
Bear Mtn.
2856
Dalton Hwy.
Mt. Schwatka
4177
Beaver Creek
Twentytwo Mile Village
Livengood
Rocky Mtn.
5052
Steese Nat'l. Consv. Area
Twelvemile House
Circle City
Snowy Pk.
4273

6

Elliott Hwy.
White Mountains National Recreation Area
Central Hwy.
Circle Hot Springs
Yukon-
Pinnel Mtn.
Steese
Eagle Summit
Yukon
73
Sourdough Camp
Mt. Prindle
5286
162
Steese Nat'l. Consv. Area
Coal Creek
Charley Rivers
Natio
Chatanika R.
Far Mtn.
4694
Birch
Twin Mtn.
5784
National Preserve
Alder C
Saulich
Martin
Fox
Chena Hot Springs
Chena R.
Harley R.
6435
Mt. Eldridg
6250
Ester
FAIRBANKS
110
n Pole
108
Moose Creek

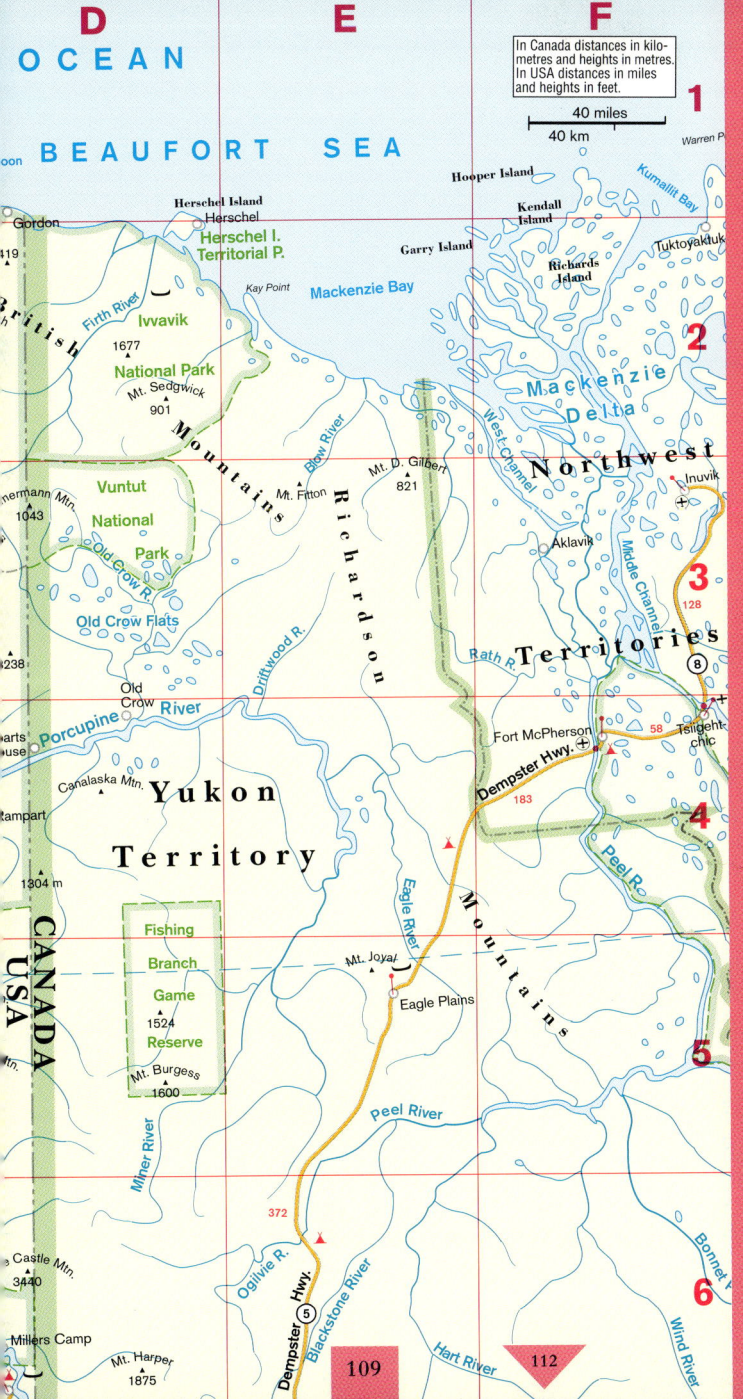

D   **E**   **F**

1

O C E A N

B E A U F O R T   S E A

Warren P.

oon

Gordon

419

Hooper Island

Kumalit Bay

Kendall
Island

Garry Island

Richards
Island

Tuktoyaktuk

Herschel Island
Herschel
Herschel I.
Territorial P.

2

Kay Point

Mackenzie Bay

M a c k e n z i e

Firth River

Ivvavik

1677

National Park

Mt. Sedgwick

901

D e l t a

N o r t h w e s t

West Channel

Blow River

Mt. Fitton

Mt. D. Gilbert

821

Inuvik

3

nermann Mtn.

1043

Vuntut

National

Park

Old Crow R.

Old Crow Flats

Richardson

Aklavik

Middle Channel

128

238

Old
Crow

Porcupine

River

Driftwood R.

Rath R.

T e r r i t o r i e s

8

Fort McPherson

58

Tsiigeht-
chic

4

arts
ouse

Canalaska Mtn.

Y u k o n

ampart

T e r r i t o r y

1304 m

Dempster Hwy.

183

Peel R.

Eagle River

Mountains

Fishing

Branch

Game

1524

Reserve

Mt. Burgess

1600

Mt. Joya/

Eagle Plains

5

**C
A
N
A
D
A**

**U
S
A**

Mtn.

Miner River

Peel River

Bonnet

e Castle Mtn.

3440

372

Ogilvie R.

Dempster

Hwy.

Blackstone River

Hart River

Wind River

6

Millers Camp

Mt. Harper

1875

5

109

112

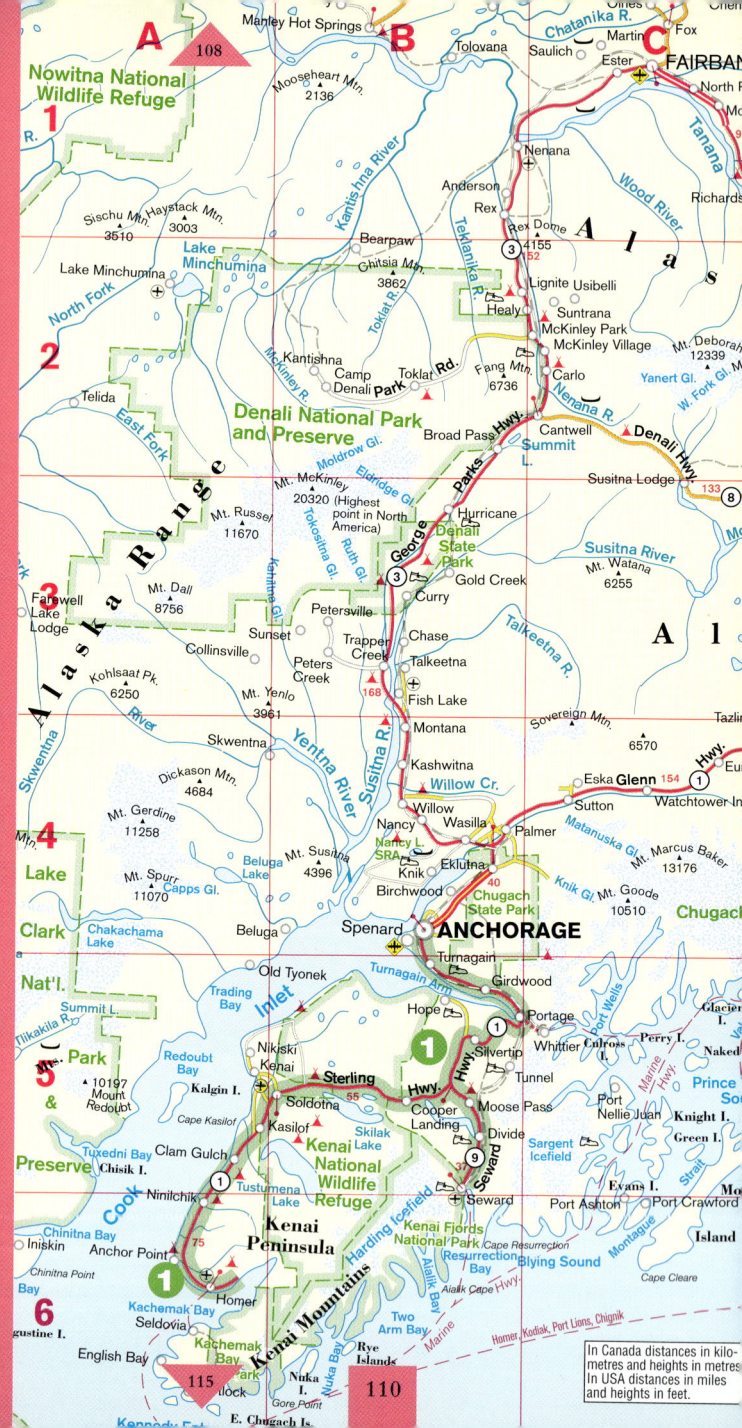

This is a map of Alaska, showing the region including Fairbanks, Denali National Park and Preserve, Anchorage, and the Kenai Peninsula.

A

Nowitna National Wildlife Refuge
108

B

Manley Hot Springs
Tolovana
Saulich
Chatanika R.
Fox
Martin
Chena
Oines

C

FAIRBANKS
Ester
North P
Moosehart Mtn. 2136
Nenana
Tanana
Richards
97

1

R.
North Fork
Kantishna River
Teklanika R.
Wood River

Anderson
Rex
Rex Dome 4155
3 52
Lignite Usibelli
Healy
Suntrana
McKinley Park
McKinley Village
Mt. Deborah 12339
Yanert Gl.
W. Fork Gl.

Sischu Mtn. 3510
Haystack Mtn. 3003
Lake Minchumina
Lake Minchumina
Bearpaw
Chitsia Mtn. 3862
Toklat R.
Kantishna
Camp Denali
Toklat Rd.
Fang Mtn. 6736
Carlo
Nenana R.

2

Telida
East Fork
McKinley River
Park
Denali National Park and Preserve
Broad Pass Hwy.
Cantwell
Summit L.
Denali Hwy.
Susitna Lodge
133
8

Mt. McKinley 20320 (Highest point in North America)
Moldrow Gl.
Eldridge Gl.
Parks
Hurricane
Susitna River
Mt. Watana 6255

3

Farewell Lake Lodge
Alaska Range
Mt. Russel 11670
Mt. Dall 8756
Tokositna Gl.
Ruth Gl.
Kahiltna Gl.
George
3
Denali State Park
Gold Creek
Curry
Talkeetna R.

Kohlsaat Pk. 6250
Sunset
Collinsville
Petersville
Trapper Creek
Peters Creek
Chase
Talkeetna
168
Fish Lake
Montana
Sovereign Mtn. 6570
Tazlir
A l

4

Lake
Clark
Nat'l.
Mt. Yenlo 3961
Skwentna
Yentna River
Susitna R.
Kashwitna
Willow Cr.
Eska Glenn 154
Watchtower In
Eu
Hwy.
1

Skwentna River
Dickason Mtn. 4684
Mt. Gerdine 11258
Mt. Spurr 11070
Capps Gl.
Beluga Lake
Mt. Susitna 4396
Willow
Nancy
Nancy L. SRA
Wasilla
Palmer
Matanuska Gl.
Sutton
Mt. Marcus Baker 13176
Chugack

5

Mount Redoubt 10197
Chakachama Lake
Beluga
Eklutna
Birchwood
Chugach State Park
40
Knik Gl.
Mt. Goode 10510

Tikilaka R.
Park
Preserve
Summit L.
Trading Bay
Old Tyonek
Spenard
ANCHORAGE
Turnagain
Girdwood
Turnagain Arm
Portage
Port Wells
Glacier I.
Naked

Redoubt Bay
Nikiski
Kenai
Kalgin I.
Cape Kasilof
Soldotna
Sterling
55
Hope
Silvertip
Whittier
Culross I.
Hwy.
1
Tunnel
Port Nellie Juan
Perry I.
Knight I.
Green I.
Prince
Sou

6

Chisik I.
Clam Gulch
Kasilof
Skilak Lake
Kenai National Wildlife Refuge
Cooper Landing
Moose Pass
Divide
9
Sargent Icefield
Evans I.
Knight I.
Port Ashton
Port Crawford

Iniskin
Chinitna Bay
Chinitna Point
Anchor Point
Ninilchik
75
Tustumena L.
Kenai Peninsula
Kenai Mountains
Harding Icefield
Kenai Fjords National Park
Resurrection Bay
Seward
Blying Sound
Cape Cleare
Montague Island

Augustine I.
Homer
1
Kachemak Bay
Seldovia
Kachemak Bay State Park
Two Arm Bay
Alaik Cape Hwy.
Homer, Kodiak, Port Lions, Chignik
Marine Hwy.

English Bay
115
Kennedy Ent.
E. Chugach Mts.
Nuka I.
Gore Point
Rye Islands
110

In Canada distances in kilometres and heights in metres
In USA distances in miles and heights in feet

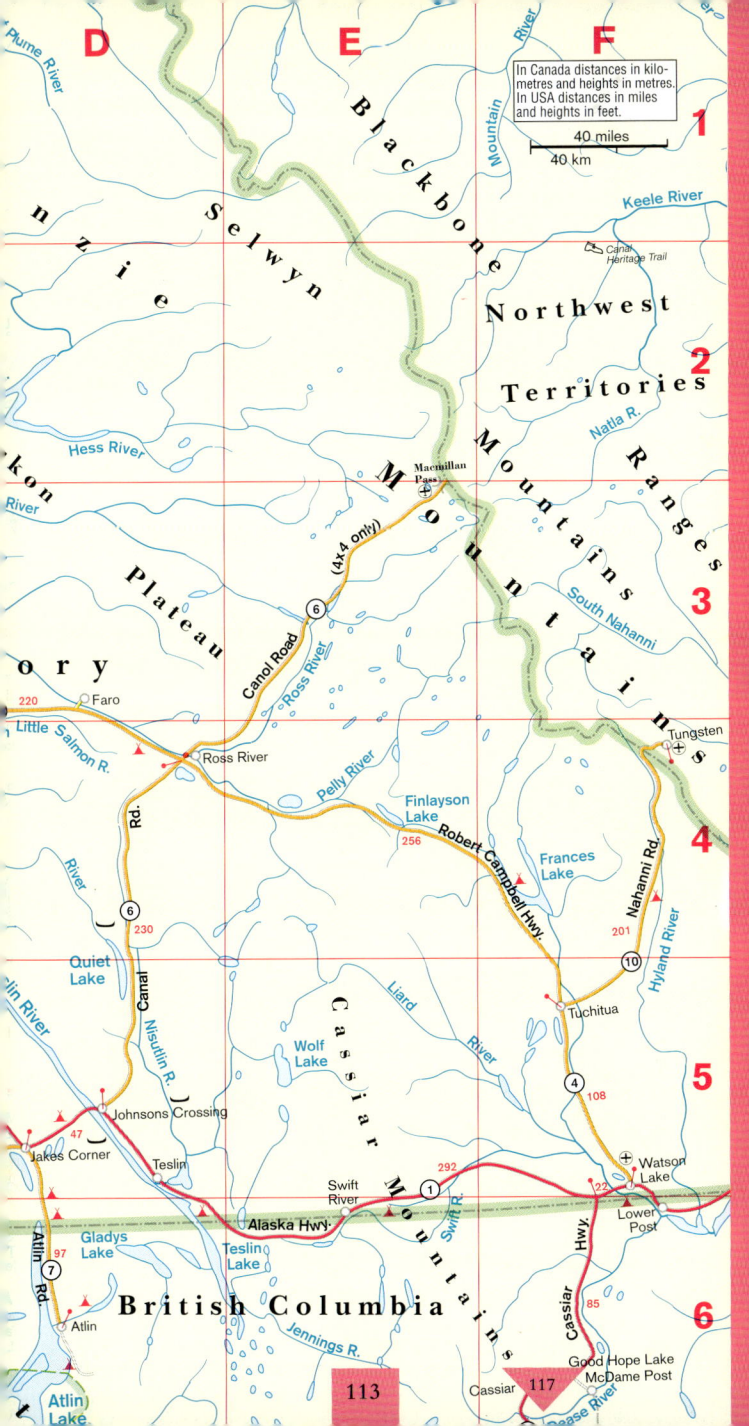

D

E

F

1

2

3

4

5

6

Blackbone

Selwyn

nzie

kon

River

Plume River

Mountain River

Keele River

Canol
Heritage Trail

Northwest

Territories

Natla R.

Hess River

Ranges

Macmillan Pass

M o u n t a i n s

South Nahanni

Plateau

(4x4 only)

Canol Road

Ross River

ory

220

Faro

Little Salmon R.

Ross River

Pelly River

Tungsten

Finlayson
Lake

256

Robert Campbell Hwy.

Frances
Lake

Nahanni Rd.

201

Hyland River

Rd.

6

230

Quiet
Lake

Canal

Nisutlin R.

tlin River

River

Cassiar

Liard

River

Wolf
Lake

10

Tuchitua

4

108

5

Johnsons Crossing

47

Jakes Corner

Teslin

Swift R.

292

1

22

Watson
Lake

Lower
Post

Gladys
Lake

Atlin
Rd.

97

7

Teslin
Lake

Swift
River

Alaska Hwy.

Cassiar Mountains

Cassiar Hwy.

Atlin

British Columbia

Jennings R.

85

Good Hope Lake

McDame Post

Cassiar

117

113

Atlin
Lake

Dease River

A · **B** · **C**

1

Mt. Hubbard 4587 m
Dezadeash
Kusawa Lake
Tagish
Jakes Corner
Russell-Fjord
Hubbard Gl.
Kluane Wildlife Sanc.
112
175
Haines Rd.
Carcross
55
Yu
Tongass
Tatshenshini Prov. Park and World Heritage Site
St. Elias Mountains
Alsek River
Mt. Kelsall 2287
Chilkat Pass
Mt. Skukum 2383
83
Taku Lindeman L.
Chilkat Trail
White Pass
Clifton
Tagish Lake
Glad Lake
97
Atlin Rd.
Nat.
Chilkat Bald Eagle
Pleasant Camp
Wells
41
Dyea 15
Skagway
Chilkat SP
Atlin
Forest
Haines
P.
Atlin Lake
Novatak Gl.
Dry Bay
Riggs Gl.
Comet
Atlin Provincial Park
Mt. Nesselrode 8105 ft
Devils Paw 8584 ft
Juneau Icefield
Taku

2

Yakutat Seward Valdez
Cape Fairweather
Mt. Fairweather 4665 m
Mt. Crillon 3880
Brady Gl.
Glacier Bay National Park
Icy Point
Palma Bay
Bartlett Cove
Gustavus
Pleasant I.
Ft. Adolphus
Excursion Inlet
Lynn Canal
Dotsons Landing
Auke Bay
Mendenhall Gl.
Taku Lodge
Juneau
Douglas
Tradewell Mine
Hawk Inlet

3

Cape Spencer
Cross Sound
Lemesurier I.
Elfin Cove
Icy Strait
Funter
Cape Bingham
Pelican
Hoonah
Admiralty Island National Monument
Camp Shaheen
Snettisham
Ale
Chichagof Island
Tenakee Springs
Tenakee Inlet
Herbert Graves I.
Kimshan Cove
Chatcham
Cobol
Angoon
Admiralty I.
Mole Harbor
Port Houghton
Sun
Stephens Pass
Seymour Canal
Chatam

4

Salisbury Sound
Kruzof I.
Halleck I.
Shelikof Bay
Mt. Edgecumbe 979
Sitka Sound
Manleyville
Sitka
Sitka NHP
Baranof Island
South Baranof Wilderness
Whale Bay
n
Neltushkin
1080
Kuiu Island
Frederick Sound
Keku Strait
Pybus B.
Inside P.
Kake
Kupreanof
Kuprea
Cr
Isla
Tebenkof Bay
Strait
Pol

5

P A C I F I C

O C E A N

Port Alexander
Cape Ommaney
Christian Sound
Cape Decision
Coronation I.
Helm Point
Warren I.
Heceta I.
Iphigenia Bay
Noyes I.
Cape Addington
Baker I.
Cape Bartolome
Kosciusko I.
Cape Pi
Tuxe
Fern
Sumner Strait
Buccaneer B.
Suen I.
Forrester I.

6

40 miles
40 km

In Canada distances in kilometres and heights in metres. In USA distances in miles and heights in feet.

LEGENDE REISEATLAS

Befestigter Highway
Paved highway

Unbefestigter Highway
Unpaved highway

Hauptstraße
Main road

Nebenstraße
Minor road

Piste
Track

③ Straßennummer
Road number

Eisenbahn
Railway

Schiffsverbindung
Shipping line

Polarkreis
Arctic circle

Staatsgrenze
National boundary

Provinzgrenze
Provincial boundary

Nationalpark, Naturpark,
Naturschutzgebiet
National park, nature park,
nature reserve

Gletscher
Glacier

Fluß
River

Verkehrsflughafen
Airport

Flugplatz
Airfield

Landeplatz
Airstrip

▲6255 Höhenangaben in Fuß *
Heights in feet

12 Entfernungen in Meilen *
Distances in miles

⊖ Grenzübergang
Check-point

▲ Camping
Holiday camp

Wandern
Trekking

Kanu
Canoe

Paß
Pass

Objekt
Object

***In Canada distances in kilometres
and heights in metres!**

50 miles
50 km

118

In diesem Register finden Sie alle wichtigen Orte, Sehenswürdigkeiten und Museen sowie die National Parks (NP) verzeichnet. Kursiv gedruckte Seitenzahlen verweisen auf ein Foto, fett gedruckte auf den Haupteintrag.

Was bekomme ich für mein Geld?

 Der Dollar steigt und steigt. Doch selbst bei relativ hohem Kurs sind Reisen nach Alaska dank günstiger Flüge und Pauschalarrangements machbar. Dennoch sollten Sie bedenken, dass die Nebenkosten in Alaska relativ hoch liegen, da fast alle Güter aus dem Süden importiert werden müssen. Im Yukon Territory gilt der kanadische Dollar (kan $), dessen Wert etwa 35 Prozent niedriger liegt als der des US-$.

Zum Vergleich der Kaufkraft hier einige Preisbeispiele: Ein Frühstück im Coffeeshop kostet etwa $ 7 bis 10, in den besseren Hotels und Lodges muss man mit $ 10 bis 15 rechnen. Der (meist sehr dünne) Kaffee dazu kostet $ 1,50 bis 2. Das Glas Bier in der Bar beläuft sich auf $ 3 bis 5, die Flasche Importbier schlägt mit mindestens $ 4 zu Buche. Für ein zünftiges Steak müssen Sie etwa $ 15 bis 20 bezahlen. Der Aufenthalt in einer Wildnislodge kostet pro Tag $ 120 bis 350. Eine Angellizenz für zwei Wochen kostet $ 50, für ein Jahr $ 100. Die Gallone (3,7 Liter) Benzin kostet $ 1,60 bis $ 3.

Eine dreistündige geführte Kajaktour schlägt mit $ 60 bis 80 zu Buche, eine ganztägige Bootsfahrt zur Tierbeobachtung mit etwa $ 70 bis 110 inklusive Lunch. Mietkanus sind für $ 25 pro Tag und $ 150 pro Woche zu haben.

DM	Euro	US$
1	0,51	0,45
3	1,53	1,35
4	2,04	1,80
5	2,55	2,25
7	3,57	3,15
9	4,59	4,05
100	51,00	45,00

US$	Euro	DM
1	1,13	2,25
3	3,40	6,74
4	4,53	8,99
5	5,67	11,24
7	7,93	15,73
9	10,20	20,22
100	113,33	224,72

Bei Zahlungen per Scheck oder Kreditkarte am Urlaubsort werden oben stehende Kurse zu Grunde gelegt. (Stand: September 2000)